K.G. りぶれっと No. 40
国連創設70周年
2015国連デー記念シンポジウム

日本と国連
京都から世界平和を願って

神余隆博 ［編］

基調講演　70周年を迎えた国連の可能性と限界

第1部　パネルディスカッション
　　　　日本と国連——京都から世界平和を願って

第2部　パネルディスカッション
　　　　若者へのメッセージ——Think Globally, Act Locally

日　時：2015年10月25日（日）　13：00-18：00（12：30開場）
会　場：国立京都国際会館　会議場 Room A

主催：日本国際連合協会京都本部、国立京都国際会館　共催：外務省、京都新聞　特別協力：国連広報センター　後援：京都府、京都市、京都商工会議所、京都経済同友会、NHK京都放送局　協力：京都市交通局

関西学院大学出版会

目　次

ご挨拶　　1

基調講演
70周年を迎えた国連の可能性と限界　　5
　　　　　　　　　神余　隆博　　関西学院大学副学長　元国連大使

第1部パネルディスカッション
日本と国連 ── 京都から世界平和を願って　　23
　コーディネーター：　神余　隆博　　関西学院大学副学長　元国連大使
　パ ネ リ ス ト：　星野　俊也　　大阪大学理事・副学長　元国連日本政府代表部公使参事官
　　　　　　　　　中西　　寛　　京都大学公共政策大学院教授
　　　　　　　　　儀間　朝浩　　一般社団法人共同通信社外信部部長

第2部パネルディスカッション
若者へのメッセージ ── Think Globally, Act Locally　　67
　コーディネーター：　根本かおる　　国連広報センター所長
　パ ネ リ ス ト：　大崎　麻子　　関西学院大学総合政策学部客員教授　国際NGOプラン・ジャパン理事
　　　　　　　　　鬼丸　昌也　　認定NPO法人テラ・ルネッサンス理事　創設者
　　　　　　　　　佐藤　文俊　　株式会社堀場製作所常務取締役管理本部長

[資料]　　109

ご挨拶

大谷光真　日本国際連合協会京都本部本部長

　国連創設70周年2015国連デー記念シンポジウム開催にあたり、主催者の一員としてごあいさつ申し上げます。

　皆様にはようこそご出席くださいました。

　戦争の惨害から将来の世代を救うため、1945年6月、サンフランシスコにおいて署名され、10月24日発効しました国連憲章に基づく国際連合は、今年70周年を迎えました。この間、開発、非植民地化、人権、国際法、平和維持、その他多くの分野で成果を上げてきました。

　70周年を祝い、昨晩は世界各地の20の国連諸機関の事務所に加え、90カ国350カ所以上のモニュメントを国連のシンボルカラーのブルーに染める『Turn the World UN Blue 世界の名所を国連ブルーに』キャンペーンが実施されました。京都においても高台寺、二条城がライトアップにご参加くださり、世界平和をアピールしていただきました。

　日本は59年前の1956年の加盟以来、重要な役割を担ってきました。このたびは国連と日本のかかわりを収めたアーカイブ映像資料が、政府と国連広報センター、国連広報局との連携のもと、デジタル化され一般公開されるなど市民と国連との結びつきを深めることができるようになりました。

　今年は達成期限を迎えたミレニアム開発目標を継ぐ新たな開発アジェンダを定めるとともに、地球温暖化防止を目指す京都議定書の後継となる合意を目指す重要な年でもあります。

　去る9月には、国連持続可能な開発サミットが開催され、われわれの世界を変革する『持続可能な開発のための2030アジェンダ』が採択されました。

　このような目標の達成に向けて日本が果たすべき役割を思いますとき、

一人でも多くの方、とりわけ若い世代の方々が関心を深め、積極的に参加してくださることを期待いたします。

本日のシンポジウムは、「京都から世界平和を願って」という副題がついています。地方自治体や市民の願い、特に大学が集まり、貴重な文化財や特色ある民間企業を有する京都の願いを踏まえて発信していただきたいと願っております。

最後になりましたが、ご多用の中、8名のご講師においでいただきましたこと、厚くお礼申し上げます。

ご参加の皆様方には、最後までご清聴いただき、京都から世界平和を願うメッセージの発信者となっていただけることを願っております。

木下博夫 国立京都国際会館館長

日曜日の紅葉のシーズンで、皆さんそれぞれご予定がある中、この国際会館にお集まりいただきまして本当にありがとうございました。

すでに今、大谷本部長からもごあいさついただきましたので、重ねてのあいさつはいかがかと思いますが、国立京都国際会館も主催者になっておりますので、私はこの館長でございますが、役目柄一言皆さんに私の思いを披露させていただきたいと思います。

お話がありましたように、今年は何と言いましても国連がスタートして70年というメモリアルイヤーでございますが、併せて申し上げますと来年は日本が国連に参加して60年という、またこれも記念すべき年になりますので、今年から来年にかけては国連ということでいろいろ議論する事は意義があると思います。

また来年はわが国際会館がちょうど開館50周年ということで、まだまだわれわれの力が足りないところがあるかと思いますが、皆様方のご支援、ご理解をいただいて、よりよき国際会議場として成長してまいりたいと思います。

振り返ってみますと、昭和30年代に当時の岸首相、あるいは河野一郎

経済企画庁長官が海外の会議に出まして、例えばGATTの会議に出られたときに、日本でも有力な国際会議場が必要じゃないかという強い思いを持って帰国され、どこに建設しようかということで、結果的には私はその選択は正しかったと思っておりますが、この京都の地に立派な国際会館ができ上がったわけであります。

　皆様ご承知かと思いますが、この会館の中には随所に、実はニューヨークの国連本部、あるいはスイスのジュネーブにあります欧州本部の会議室の様式のコンセプトの意を受けたものが見られますので、今日の会議の後でもいいですが、そういうところを見ていただきたいと思います。

　私自身も今日の日を迎えるにあたって多少は国連の勉強はしたつもりでありますが、今日壇上に上がられます先生がたのご議論を控室でお聞きしていますと、平和、健康、文化等の多方面において国連の役割、課題というのは大きくて、解決していかなければならない問題点も多数あるんじゃないかと思います。今日の限られた時間の中でそういう議論に全部結論を出すというのは難しいかもしれませんけれども、1つずつ日本が、あるいは京都が貢献していく事を目ざす中で、国連がどうあるべきかという期待を込めて今日は論議をしていただけるものと願っています。

　多数の方々の参加をいただいた事を重ねてお礼申し上げ、挨拶とします。

司会　次に、10月24日の国連デーに発表されました潘基文国連事務総長の国連デーに寄せるメッセージをご紹介させていただきます。

潘基文（パン・ギムン）　国連事務総長メッセージ

国連デー（10月24日）に寄せる

　世界のどの国でも国旗は誇りと愛国心の象徴です。しかし、私たち全員の旗は1つしかありません。戦時中の韓国で育った私にとって、国連の青

い旗は希望を象徴するものでした。創設70年を迎えた国連は、今でも全人類を導く光です。国連は毎日、空腹を抱える人々に食糧を、家を追われた人々に避難所を提供しています。国連は、放っておけば予防可能な病気で命を失ってしまうことになる子どもたちに予防接種を行っています。国連は、人種や宗教、国籍、ジェンダー、性的指向に関係なく、すべての人々の人権を擁護します。国連の平和維持要員は、紛争の前線に展開し、国連の調停者は、戦闘員を交渉の席につかせ、国連の救援要員は、危険な状況の中で救命援助を届けています。国連は、70億人を数える全世界の人々に奉仕するとともに、私たちにとってかけがえのない故郷である地球を大切に考えています。そして、国連憲章の精神を体現しているのが、多様かつさまざまな才能を持つ国連の職員です。国連創設70周年は、こうした職員の献身的な貢献を認識するとともに、職務遂行のために尊い犠牲を払った人々に敬意を表する機会です。世界は多くの危機に直面し、国際的な集団構造の限界も痛ましいほど明らかになっています。それでも今日の課題に独力で取り組める国や組織はありません。時代を越えて引き継がれる国連憲章の価値観を、私たちの指針としなければなりません。「われら人民」に奉仕するために「われらの力を合わせる」ことこそ、私たちが共有する責務なのです。国連創設70周年を記念し、世界各地のモニュメントや建物は国連ブルーにライトアップされます。この画期的な節目となる記念日に光を当てながら、すべての人々にとってより良く、より明るい未来を目指すという私たちの決意をあらためて確認しようではありませんか。

基調講演

70周年を迎えた国連の可能性と限界

神余 隆博　関西学院大学副学長　元国連大使

1　日本と国連

　本日は、国連デーの翌日ということで、日曜日にもかかわらずご参集いただきましてありがとうございます。

　日本国際連合協会京都本部と国立京都国際会館の主催で行われます、国連創設70周年2015国連デー記念シンポジウムにおける基調講演の機会を与えていただきまして、大変光栄に存じます。

国連は100年のウィーン体制を超えられるか

　第二次世界大戦が終了して70年、冷戦終焉後25年を経まして、世界は地政学的に大きな変化を遂げつつあると思います。

　世界的な貧困と格差の拡大、地域・民族紛争の激化、暴力的過激主義やテロの脅威の増大、難民・国内避難民の大量発生による人道的な危機、地球環境問題、温暖化、感染症など地球規模の課題が国家と人間の安全保障を脅かす大変動の時代に突入していると思います。

　そのような時代背景の中で、本年国連は創設70周年を迎えました。ソ連の批准が完了して国連憲章が発効した日、すなわちそれが昨日10月24日であったのですが、この日を国連は国連デーとして毎年祝っています。

人間で言えば古希を迎えた国連は、さまざまな問題と制度疲労を抱えつつも、70年もの間、第三次世界大戦が勃発することを曲がりなりにも防いできていると言えるのではないでしょうか。

歴史を振り返ってみると、ナポレオン戦争後の欧州の戦後秩序を形成したウィーン会議と、それによって生み出されたウィーン体制、これは第一次世界大戦が1914年に勃発するまでの100年間、欧州の平和を維持してきました。

国連は今70年ですが、ウィーン体制の100年を越えて世界の平和を構築、あるいは維持していくことができるのでしょうか。そのことは今国連ならびに加盟国に厳しく問われていると思います。

1956年12月18日、日本は80番目の国連加盟国として国際連合に加盟しました。国際連盟脱退から23年、終戦から11年、講和条約発効から4年を経てようやく国際社会への真の復帰が認められたのでした。

1945年に51カ国で発足した国連ですが、今や加盟国は4倍近い193カ国となっています。来年日本は国連加盟60周年を迎えますが、60年にわたり日本はこれまで国連にどのようにかかわってきたのか、また、今後どのように国連を活用していくべきかについてあらためて考えてみたいと思います。

日本の国連加盟の経緯

国連加盟の経緯と国連中心主義について少し話をしたいと思います。

日本が国連加盟を果たすまでには長い紆余曲折がありました。1952年、「日本は国連に加盟を申請し、国連憲章の原則を遵守する」と明記したサンフランシスコ講和条約の発効を受けて日本政府は国連事務総長に加盟申請をしました。いわゆる岡崎書簡と言われる岡崎外務大臣の書簡をもって加盟申請をしたのです。その中で加盟国となったあかつきには、国連憲章上の義務を受諾し、日本が有するすべての手段をもってこの義務を遂行する旨を宣言したのです。

しかし、東西冷戦が激化の様相を呈していた当時、国連加盟問題は東西両陣営の勢力争いと密接に関連していたのです。その結果、1951-54年ま

での間、一国も国連に加盟することができず、日本の国連加盟決議案もソ連の執拗な拒否権行使に直面しました。

1955年になると、ジュネーブ四巨頭会談やバンドン会議を経まして、国連加盟促進の機運が盛り上がり、日本を含む18カ国の一括加盟案が審議にかけられることになりました。しかし、当時の外モンゴルの扱いをめぐる米国、ソ連、中華民国の駆け引きの中で、この案は採択直前で流産して、日本はすんでのところで国連加盟を逃すこととなりました。

翌1956年10月、日本の国連加盟に対するソ連の支持が明記された日ソ共同宣言が署名されますと、その年の12月12日の安全保障理事会において全会一致で日本の加盟勧告が決議されました。

(写真:2015年11月付京都新聞掲載)

神余　隆博（しんよ・たかひろ）
関西学院大学教授・副学長　元国連日本政府代表部特命全権大使
1950年香川県生まれ。大阪大学法学部在学中に外務公務員採用上級試験に合格。
1972年外務省入省。1973年ドイツ・ゲッティンゲン大学に留学。1989年国際連合局軍縮課長、1991年国際連合局国連政策課長。1993年大阪大学教授に出向。その後欧亜局審議官、欧州局審議官を経て2002年デュッセルドルフ総領事。2005年外務省国際社会協力部長、2006年国際連合日本政府代表部特命全権大使、2008年ドイツ連邦共和国駐箚特命全権大使。外交官のかたわら、大阪大学以外にも客員教授として東京大学大学院、立命館大学大学院などで教壇に立ち、国際関係の講義を担当。2012年より現職。

次いで12月18日の総会において、51カ国の共同提案による日本の単独加盟案が全会一致で可決され、80番目の加盟国として加盟が認められたわけです。実に4年越しの国民の総意が結実した瞬間でした。

「国連中心主義」と現実政治

当時、日本は国連をどのように認識し、何を求めていたのでしょうか。重光葵外務大臣は加盟が認められた際の総会演説で、日本国憲法の前文を引用して、世界における平和政策の中心的推進力という国連の理念と可能性に大きな期待を表明しました。また、国連加盟の翌年の9月に発行され

た外交青書の第1号で、日本政府は日本外交の三原則の1つとして国連中心主義を掲げ、「国連の原則を高揚し、その原則を強化し、もって国連がその使命の達成にさらに前進するよう努力する」と決意を表明しています。

国連加盟当初の日本が国連にかける期待は極めて大きく、これを明石康元国連事務次長は、「世界の平和を愛する国々の公正と信義に信頼し、共存の理想にすべてを賭けて生きようという国民の決意の表れだ」とその著書『国際連合』で述べています。

しかし、当時の国際情勢は冷戦激化の様相を呈しており、同じ外交青書ですでに「国連がその崇高な目標にもかかわらず、その初期の目的を十分に果たすに至っていないことは国際政治の現実として遺憾ながらこれを認めざるを得ない」と述べています。

また、外交青書第2号では、外交三原則が相互に矛盾するのではという指摘に対して、「一方において国際連合の理想を追求しつつも、他方において現実を考慮に入れた措置として自由民主諸国との協調を強化し、もってわが国の安全を確保し、ひいては世界平和の維持に貢献する」と記述し、国連中心主義の限界を認めているわけです。

その後、外交青書第3号では、国連中心主義という言葉は登場すらしてこないのです。

戦後の日本は現実の国際政治においては、日本の安全と繁栄を日米同盟を中心に自由主義諸国の一員に加わることによって担保するという選択をしました。他方で第二次世界大戦で辛酸をなめた敗戦国として、国民全体に共有されていた不戦と平和の希求を具現化する場を必要としていたのであり、それが一生のうちに二度まで言語に絶する被害を人類に与えた戦争の惨害から将来の世代を救うことを目的に掲げる国連であったのは至極当然のことであったと言えましょう。

この意味において、理想主義とすら言える当時の日本の国連への期待は、国連中心主義という言葉が示しているとおりです。これは一方で国連の限界を認めた上での観念的なマニフェストであったと思いますが、他方で当時の国民感情の自然な発露でもあったと思います。また、それは安全保障をアメリカに依存せざるを得ないという現実の国際政治の要請に対す

る一種の精神的な代償作用の役割を果たしていたと言うこともできると思います。

次に、日本にとって国連は必要なのかということについて話をしたいと思います。

集団安全保障の機能不全

今日の国連をめぐる国際情勢とは一体いかなるものでしょうか。東西冷戦が終結し、自由と民主主義が世界を席巻すると考えられていた90年代初頭、それまで半ば機能停止に陥っていた国連を再評価する動きが高まってきました。

しかし、その後地域紛争、民族紛争、あるいは温暖化、国際テロリズム、感染症、国際組織犯罪といった新たな地球規模の課題が発生し、国際社会は新しい形の脅威に直面することとなりました。

また、2003年3月の対イラク武力行使の開始にあたっては、大量破壊兵器の査察継続を要求する独、仏と、早期の武力行使の開始を主張する英、米が激しい駆け引きを繰り広げて、最終的に安保理における新たな決議の採択を経ずして武力行使が始まることとなったのです。

イラク情勢はその後も安定せず、イスラム国（ISIS）というテロ国家の誕生を見る結果となり、日本も含めて現在その脅威にさらされているという状況です。

また、2011年以降のシリア内戦による25万人に上るシリア国民の殺害に関しては、安保理はロシアと中国の4回に亘る拒否権の行使により、何ら効果的な措置が取れずに機能不全に陥っています。そのため被害者への人道支援をシリア国内で行うことができず、その結果が今や難民400万人と国内避難民800万人、合計1200万人が犠牲者となる世界最悪の人道危機と絶望的な状態をシリア国民にもたらしています。

シリアの内戦を平和的に解決できないどころか、人道支援すら行うことのできない国連とは一体何なのか。それを困難にしている一部の常任理事国の拒否権とは何のためにあるのか。結局国連は大国の利害によって動かされており、世界最大の人道危機と平和の問題に効果的に対処できずに機

能不全となっている国連の集団安全保障機能の強化と安保理の改革が今声高に叫ばれているのです。

誰が国連を必要としているのか

このような現状において、今日国連を必要としているのは一体誰でしょうか。常任理事国のうちアメリカは超大国であり、国連がなくてもそれほど困ることはありません。アメリカは必要なときに国連を使い、国連を使わないときは志を同じくする国と連立を組みます。

他方、イギリスとフランスは国力の関係上アメリカと同じようなことはできません。しかし、国連における安保理常任理事国という地位は、この両国にとっては大国の証明として不可欠です。

また、中国は長らく国連システムの外にいましたが、1971年に代表権を得てからも自らを途上国と位置づけて、国連システムの受益者の立場を享受してきたのです。

その後、中国の経済大国路線が強化され、今や超大国アメリカへの対抗勢力として国連においても存在感を示しています。国連を自国の国益のために最大限活用しようとしています。

ロシアはソ連の崩壊によって普通の大国になったのですが、最近ではアメリカに対抗して中国とともに多極化路線を志向して安保理で再び拒否権の行使を繰り返しています。

日本にとっての国連

さて日本ですが、日本はこれまで国連において受益者であったことはあまりないと思います。本来国連とは自国の国益を国際公益に結び付けるように主張を行っていく場所ですが、日本は国連中心主義の限界が示すように、究極の安全保障と国益を確保する上では必ずしも国連を必要としてこなかったわけです。

資金協力と平和協力あるいは平和外交という手段以外に国際紛争の解決について具体的に貢献する手段を持ってこなかった日本にとって、国連は1991年の湾岸戦争をめぐる外交的な敗北を喫するまで、そしてその直後

に安保理改革を訴え、その実現に向けて邁進するまでは、どちらかと言えば観念的な理想実現の場であったと言えるかと思います。

　分担金を米国に次いで多く支払い、国連の諸活動を支えてきた優等生の日本を国連が必要とするほど日本は現実政治（リアルポリティックス）と国益の実現の観点からは実際にはそれほど国連を必要としてこなかったと言えるかもしれません。

　他方、21世紀の日本は、人口減少や財政難、東アジアにおける中国の地政学的な膨張、ユーロ危機を始めとする世界経済の不安定等、これまで経験してこなかったような巨大な変化、メガチェンジと言ってもよいかもしれませんが、そういったものを経験しつつあります。

　そして、これらの課題への効果的な処方箋が見出せないまま、日本は近い将来国家としての規模は中ぐらいであっても英、仏のように政治・外交大国となる道を目指すのか、それとも大国として振る舞うことをあきらめて紛争予防や多国間協力に重点を置くミドルパワー国家として控え目な立場に転じるのか、難しい選択をする必要に迫られていると思います。

「平和創造国家」日本と国連

　日本は戦後70年に亘って経済大国、民主主義・平和国家してポジティブな国家イメージを築き上げてきました。このことに日本人は自覚と自信を深めるべきです。

　昨今日本は戦後70年を経ても隣国との和解が未達成のために、歴史問題でこれらの国々から外交攻勢を受けて自信を喪失しつつあるように思われます。しかし、日本の国力は徐々に低下しつつあるとはいえ、ミドルパワー国家という縮小志向に陥るのではなく、経済は相対的に減退するとしても、政治、外交面では大いに主張し、国際紛争や難民等の人道問題の解決、世界の平和と安全の問題において積極的に行動する「平和創造国家」"Peace Making Nation"へと質的な転換を遂げるべきだと考えます。

　そして日本はこれまで国連に一方的に恩恵を与えてきた貢献国としての立場から、情報や理念を発信するパブリック・ディプロマシーを全面的に展開し、国際社会の重要な意思決定とルールメーキングにプロアクティブ

に参加できるように国連を活用していく能動的国家へと路線を変えていく重要な機会が訪れているのではないでしょうか。その意味において日本は今後、これまで以上に国連を必要とするのではないかと考えます。

　国連が紛争解決に取り組み、平和と開発の問題、人権の促進と人道問題の解決において真に中心的な役割を果たす機関となるために日本は国連改革の手を緩めてはなりません。そしてそれを通じて日本は国連を支え続けていくべきであると考えます。

2　国連の限界と国連改革の必要性

　次に、国連の限界と国連改革の必要性について話してみたいと思います。

日本がリードしてきた安保理改革

　安保理改革を含む国連改革ですが、これまで述べた文脈においても国連改革というものは日本の国益に資するものであると思います。と言いますのも、日本が国際社会で存在感を示す力のあるうちに、政治・外交大国を目指し得る土俵を整備する必要があるからです。同時に、特に安保理の機能不全が叫ばれている今日、国際社会が必要としている信頼性と実効性のある国連の再構築に貢献していくことは、結果として日本の政治力、外交力の評価につながると考えられます。

　特に安保理改革については、日本にとって、常任理事国になることによって国際社会への貢献に見合った発言の機会を得る、情報の入手が容易になる、あるいは日本に直接、間接に関係する国際の平和と安全の問題に常時関与することができるようになるといったある種戦術的なメリットが存在していることは否めないのですが、しかし、日本が安保理改革を主張してきたのはそのためだけではありません。国連加盟国数が創設時の51から今や193カ国に増加しているにもかかわらず、1965年の非常任理事国の拡大（6カ国から10カ国に増加）を除いて戦後70年間ほとんど進化していない安保理の構成に現在の国際社会における勢力関係を反映させるということになります。これは安保理の刷新と機能強化になると考えます。

地域別国連加盟国数・非常任理事国数と常任理事国

出所： http://www.mofa.go.jp/mofaj/press/pr/pub/pamph/pdfs/unsc_japan_01.pdf 等をもとに作成

　また、今日国際社会が直面している新たな脅威に安保理が効果的に対処できるように、必要な能力と意思を有する国を安保理の決定に常時関与させることは安保理の信頼性の向上、そして実効性の向上という2つの側面からも重要であると日本はこれまでも考え、国際社会に訴えてきました。

　安保理改革の抜本的な進展はまだみられていませんが、日本の問題提起は共感を呼んで、2005年には日本、ドイツ、インド、ブラジルのいわゆるG4が中心となったG4案というものを出しましたが、それを含めて安保理改革の内容を具体的に定めた複数の総会決議案が提出されるまでに至りました。

　ただ、どの案も採決にかけられずに廃案になったのですが、これまで改革に消極的であったアメリカと中国に緊張感を持たせたのみならず、改革がいかに喫緊の課題であるかという認識を広く加盟国に浸透させたと言えるのではないでしょうか。

　ちなみに、安保理改革の端緒となったのは、宮澤喜一総理が1992年1

月の安保理首脳会合で安保理改革を提唱したことに始まります。当時日本の常任理事国入りをめぐっては憲法9条との関係にかんがみ、例えば多国籍軍等に参加して軍事的な貢献が行えないということは常任理事国としての資格に悖るのではないかとして問題にする向きもありました。そのことについては政府の中でも議論をしました。しかし国連憲章上は常任理事国に対して軍事的な貢献を求める規定は存在しておりません。憲章上そういう義務はないし、政治的にもそれが条件となっているということではありません。

先ほど述べた1952年に日本が国連加盟を申請した際に出した加盟申請書、岡崎書簡ですが、それに添付されている国連憲章義務の受諾宣言においては次にように述べられています。「日本国政府は、国際連合の加盟国としての義務をその有するすべての手段をもって（"by all means at its disposal"）履行することを約束する」と言っているわけです。憲法の枠内でということは言っておりませんが、法的にも政治的にも加盟国は実施可能な方法で義務を果たすのは当然のことです。また国連加盟にあたっては条件付で加盟することはできませんので、"by all means at its disposal"（事実上憲法の枠内という意味）でできることは最大限やりますということは当然の意見表明であったと思います。常任理事国となってもこのことには変わりはありません。できないことをしてまで常任理事国になるということではないのです。

安保理改革の見通し

安保理改革を求める日、独、印、ブラジルのいわゆるG4ですが、今回70周年の国連総会の際、9月26日に首脳会合を開き、今次国連総会の会期中に具体的な成果を得るための努力を強化するという決意を新たに表明しております。ベースとなるのは2005年のG4の総会決議案です。今回はアフリカ諸国に配慮して、非常任理事国の議席をアフリカに1または2追加することを念頭に置いていると言われます。2005年当時のG4案がベースになりますが、それによればアフリカには常任理事国を2つ追加し、非常任理事国は1つ追加するというものですが、新たなG4案は非常

安保理の現状とG4決議（2005年）	
現状	G4（日、印、ブラジル、独）案
計15カ国	計25カ国
常任理事国（5カ国）	常任理事国（6増→11カ国）
米国、英国、フランス、 中国、ロシア	米、英、仏、中、露 アジア　＋2 アフリカ　＋2 西欧　＋1 中南米　＋1
非常任理事国（10カ国）	非常任理事国（4増→14カ国）
アジア　　2 アフリカ　3 西欧　　　2 東欧　　　1 中南米　　2	アジア　＋1 アフリカ　＋1 西欧 東欧　＋1 中南米　＋1
※拒否権については、新常任理事国は15年後のレビューでの決定まで行使せず	

出所：編者作成

任について1または2増加するということを新たに提案しているようです。この新たなG4案により今次国連総会の会期で前進したいということです。

　もちろん交渉は容易ではありません。楽観は禁物です。しかし、拒否権は持つけれどもそれを行使しない常任理事国、あるいは非常任理事国より任期の長いもの、言ってみれば準常任理事国のようなもの、あるいはそれ以外のものであれ、何らかの新しい形の議席が創設されるということが安保理改革の目的です。

　国際平和を実現する意思と能力を有する、実行力を持った新たな常任理事国、あるいは準常任的な理事国が増えるということによって安保理における意思決定がより正当性を増しますし、実効性も持つものとなるわけです。

　これと併せて非常任理事国の拡大によって、安保理の民主化と普遍性は高まりますので、いかに抵抗が強かろうとも日本は改革の手を緩めるべきではないと考えます。

　しかし、もっともやっかいな問題は拒否権の問題です。これを常任理事国に抑制的に行使するように求めることは、実は安保理改革よりも難しい

かもしれません。これについては別途総会の権威と多数決によって常任理事国に拒否権の乱用を抑制させる何からのメカニズムを並行して考え出していく必要があるのではないかと思われます。また、仮に今後も拒否権の乱発によって安保理の機能不全が続く場合には、ちょうど朝鮮戦争があった年ですが、1950年11月3日の国連総会決議377、いわゆる「平和のための結集決議」("Uniting for Peace Resolution")を活用して、国連総会が3分の2の多数で安保理の機能を代替していくという窮余の策をこれからも講じていくことを視野に入れる必要が出てくるのではないかと考えます。

その他の国連改革

以上安保理改革について話しましたが、その他の国連改革としては、日本は国連が人権の主流化を推し進めて、国際社会における人権の保護・促進に一層効果的に対処できるよう人権理事会の設立をめぐる議論に積極的に参加してきました。その結果、2006年5月9日の理事国選挙では日本は上位当選をして、その年の6月19日に開催された第1回会合から日本は理事国として参加してきています。

前身の人権委員会と比べて全加盟国の人権状況を審査するという"Universal Peer Review"というシステムが新たに設けられましたが、世界の人権問題への対処能力を向上させるように、今後とも手続事項や実質事項の審議を通じて積極的に貢献していく必要があると思います。

次に、平和構築委員会ですが、これは2005年12月に紛争後の平和構築と復旧のための統合戦略を助言する諮問機関として安保理決議と総会決議の双方によって設立されました。日本は2008年12月まで1年半組織委員会の議長国を務めたほか、2011年からは教訓作業部会議長を務めるなど主導的な役割を果たしてきています。まさに日本のお家芸と言ってもよいかと思いますが、この平和構築に日本は特に大きな貢献をしてきていると思います。

さらに日本が重視している改革としては、事務局のマネジメント改革、あるいは事務局そのものの改革が挙げられると思います。国連は創設70年を経て、肥大化する一方です。小回りが利かないばかりか業務（マン

基調講演　70周年を迎えた国連の可能性と限界

国連改革の経緯と現状

ハイレベル委員会報告書（2004年11月）

↓

ミレニアム・プロジェクト報告書（2005年1月）

↓

アナン事務総長報告「より大きな自由に向けて」（2005年3月）

↓

国連首脳会合「成果文書」（2005年9月）

安保理改革
早期の安保理改革を、国連を改革するための全般的努力における不可欠な要素として支持

- 2008年9月、政府間交渉の開始を国連総会で決定。
- 2009年2月、国連総会非公式本会合で政府間交渉が開始。
- 安保理改革は、包括的な国連改革における最重要課題であり、安保理の常任理事国入りの早期実現を引き続き追求。

平和構築委員会
平和構築の統合戦略の一層のために平和構築委員会を設立することを決意

- 2005年12月、紛争後の平和構築の統合戦略のための統合戦略を助言する諮問機関として国連総会と安保理により設立。
- 我が国は設立当初からのメンバー。2007年6月から2008年12月まで議長国を務め、戦略・政策的な議論や新規検討対象国の追加等について貢献。

人権理事会
国連の人権機能を一層強化するために人権理事会を設立することに合意

- 2006年3月、国連における「人権の主流化」を受け、人権機能を改編・強化して設立（総会下部組織に格上げ）。
- 全加盟国の人権状況審査制度（UPR）を新設。
- 我が国は理事国（現在2期目）。人権問題に積極的に関与、人権状況決議の対象国の拡充等に貢献（北朝鮮人権状況決議の採択等）。

マネジメント改革
事務局の説明責任、監査を強化。5年を超えたマンデートを見直す

- 2006年以降、国連公会計基準（IPSAS）や資源管理計画（ERP）のシステム導入、倫理オフィスや独立監査諮問委員会の設置、職員契約制度の見直しや訴願制度の設立等が実現。
- また、2006年にPKO局を再編しフィールド支援局を新設。2008年には政務局や開発関連部局を強化するなど、事務局の機構・体制を改編。

国連システムの一貫性
国連事務総長に対し、国連の事業活動のマネジメント及び連携を強化するための作業開始を要請

- 2006年11月、国連システムの一貫性に関するハイレベル・パネルが報告書「一体となっての国連、アプローチの推進等を勧告。
- 2010年7月の国連総会決議によりジェンダーに関する新機構（UNWOMEN）の設置を決定。パイロット国で経験を蓄積。

出所：http://www.mofa.go.jp/mofaj/gaiko/un_kaikaku/pdfs/shiryo01.pdf をもとに作成

デート）の重複が多く、無駄が存在するわけです。また、国連事務局の硬直性や不透明性も指摘されて久しいのです。しかしながら、こうしたことについても事務局のみならず、加盟国からの反対もあります。一部の国の既得権益を削減することにつながってくるということがありますので、この事務局改革やマンデートの削減といったこと自体も決して容易ではないのです。

　しかし、日本はなお世界第2位の分担金の負担国です。そうした立場から国連事務局の倫理向上、監査機能の強化、説明責任、効率性の向上、そしてマンデートの整理などを実現するようにマネジメント改革や予算の問題に積極的に取り組んでいくべきであると考えます。

低下する経済的影響力をどう乗り越えるか

　次に分担金の話になりますが、国連の全加盟国は経済力に応じて国連分担金を支払うことが義務となっています。分担金の支払いは「能力に応じた負担」"Capacity to Pay"という原則で行われています。日本の負担割合は、かつて19.468%と20%近い分担をしていた時期もありました。アメリカは22%ですから、日本の20%というのはアメリカに極めて接近していたわけです。しかしそういう時代から日本経済が長期のデフレを通じて、「失われた10年」と呼ばれる経済の後退期を経験して、現在ではアメリカの半分の10.83%に減っています。負担が少ないのは決して悪いことではないのですが残念な気がします。それでも他国と比べますと依然として全加盟国中第2位に留まっています。

　ただ、分担率については3年毎に見直しが行われています。10.83%というのは本年までの分担率であり、本年末にはまた次の3年間の分担率の交渉があって、恐らく次回日本は10%を割るのではないかとみられています。これはGDPに応じて計算されますので仕方がないわけです。そうなれば、財政面における日本の存在感も希薄になる、資金貢献国の立場から国連改革や安保理改革を訴えるということは一層困難になるのではないかと思われます。日本は分担金を多く払っているから国連改革を主張するとか、金を出しているから安保理改革を要求するのだというようなことを公式に言ったことはありませんが、しかしそれは言わなくてもみんなが感

国連通常予算分担率・分担金

		2015年 分担率 %	分担金額 百万ドル			分担率 %	分担金額 百万ドル
1	米国	22	654.8	11	ロシア	2.438	66.2
2	日本	10.833	294	12	豪州	2.074	56.3
3	ドイツ	7.141	193.8	13	韓国	1.994	54.1
4	フランス	5.593	151.8	14	メキシコ	1.842	50
5	英国	5.179	140.5	15	オランダ	1.654	44.9
6	中国	5.148	139.7	16	トルコ	1.328	36
7	イタリア	4.448	120.7	17	スイス	1.047	28.4
8	カナダ	2.984	81	18	ベルギー	0.998	27.1
9	スペイン	2.973	80.7	19	スウェーデン	0.96	26.1
10	ブラジル	2.934	79.6	20	ポーランド	0.921	25
					その他（173カ国）	15.511	420.7
					合計	100	2771.4

出所： 国連文書（http://www.mofa.go.jp/mofaj/gaiko/jp_un/yosan.html）をもとに作成

じていることです。その雰囲気が今後相当しぼんでくるということですから、日本としては国連外交のやり方を真剣に再検討しないといけないと思います。

3　国連の可能性

最後に、これからの国連の可能性ということについて話をしたいと思います。

東西冷戦構造の中では、日本自身の安全保障や繁栄といったクリティカルな国益は自由主義陣営の一員であるということによって多くの場合担保されてきました。そして戦後日本が追求してきた平和主義国家としての日本の価値と国連の理念を同一視して、ある種理想主義的な国連観を国民が共有することが可能であったのです。

しかし、今日アメリカや欧州が相対的に影響力を低下させ、中国が大国

化するという地政学的な大変動が起きる時代となってきています。また、大量破壊兵器の拡散、国際テロリズム、感染症、地球温暖化、難民・国内避難民の大量発生といった地球規模の諸問題が顕在化しています。いずれもこうした問題については一国で取り組むことは不可能です。国連はこれらの問題に対処できる唯一の普遍的国際機関として、引き続き国際社会全体のみならず、日本にとっても重要な存在であり続けるだろうと思います。

　特に日本の未来が必ずしもバラ色ではない中で、平和創造国家として国際社会における存在感を確保していくためにも、メッセージや理念を発信し、国際的なルールメーキングに積極的に関与する場としての国連の重要性は極めて大きいのではないかと考えます。その意味で21世紀の日本は、これまで以上に国連を必要としているのではないかと思います。

国連も日本を必要としている

　他方、国連も日本を必要としています。抜本的な改革なしに設立から70年が経過して少なからず機能が硬直化している国連は、今日多様化する諸問題に効果的に対処できていません。この国連の機能不全を打開する触媒の役割を日本は安保理改革や行財政改革を中心に果たしていくことが求められているのではないでしょうか。

　日本は、2015年10月15日、国連加盟国として最多の11回目の安保理非常任理事国に当選しました。安保理改革等の国連改革や国際の平和と人類の繁栄のために来年から2年間全力を挙げて取り組んでもらいたいと思います。黙っていても存在感を示すことができた時代はすでに去りつつあります。

　国際社会で日本が担っている地位と責任、そして政治的な役割を率先して果たす意思が正当に評価され、また受け入れられていく必要があるという意味においても、国連改革はそれがどんなに困難であっても不断に行うべきものであります。その実現に向けて日本は不屈の外交を行っていく必要があると考えます。

国家と人間の安全保障の実現に向けて

　安保理の機能不全もあり、平和と安全保障の面では、国連が果たしてきた役割には限界があり、十分とは言えません。これと比べて開発と人権の面で国連が果たしてきた役割は決して過小評価されるべきではありません。2000年から2015年までの世界の貧困の克服と開発のために設定されたミレニアム開発目標、いわゆるMGDsは目標達成の進展にバラつきがあり、母子保健や性と生殖に関する健康の目標については依然として達成に向けての軌道に乗っていないとされますが、それを除けば不十分ながらも人類の幸福と繁栄のために国連が有用であることを印象づけてきました。

　この目標の後継となるものとして、今回の第70回国連総会で9月25日に採択された「持続可能な開発のための2030年アジェンダ」、これはSDGsと言われますが、いわゆるミレニアム開発目標をさらに推し進めて人類を貧困の恐怖と欠乏の専制から解き放ち、地球をいやし、安全にすることを目標として2030年までに実現することを目指しています。人間、地球、繁栄、平和、パートナーシップすなわちPeople、Planet、Prosperity、Peace、Partnership、この5つのPはまさに国連の目指す目的そのものです。

　この持続可能な開発のための2030年アジェンダという文書は、20世紀に制定された国連憲章を補う21世紀の経済憲章と言ってもよい内容を含む重要な指針です。途上国のみならず先進国にも目標達成の義務が課せられるなど、先進国、途上国という既成の概念による分断を乗り越えて、共通の克服すべき目標を持つという点に21世紀の国連の可能性が潜んでいると考えられます。

　安保理改革を始めとする国連改革と、このSDGsの達成を目指すことは国家と人間の安全保障の双方の実現を旨とする日本の国連外交の目標ですが、そうすることによってかつてハマーショルド事務総長が言ったように、国連は人類を天国に連れて行くことはできないかもしれないが、地獄に落とすことを防ぐことはできる永遠の存在となるのかもしれません。その目的に向かってわれわれは努力をすべきではないでしょうか。

第1部 パネルディスカッション

日本と国連
京都から世界平和を願って

コーディネーター：神余隆博　関西学院大学副学長　元国連大使
パネリスト：星野俊也　大阪大学理事・副学長　元国連日本政府代表部公使参事官
　　　　　　中西　寬　京都大学公共政策大学院教授
　　　　　　儀間朝浩　一般社団法人共同通信社外信部部長

　神余　それでは第1部のパネルディスカッションを始めていきたいと思います。

　皆様自由にご発言いただき、ディスカッションしたいと思いますが、お三方にそれぞれ15分から20分ずつお話していただいて、残りの1時間は前半の30分をパネリストの皆さんがそれぞれ発表されたテーマについて私から質問し、皆さんの中で議論をしていただいてさらに深めてもらう。後半の30分を会場の皆さんとの意見交換に充てたいと考えておりますので、ぜひご協力のほどお願いします。

　それでは、まず星野大阪大学副学長にご登場いただきます。星野先生は、ちょうど私と同じ時期に国連日本政府代表部に勤めておられ、PKOや平和構築を担当しておられました。学者であると同時に国連の現場を熟知している方です。

　最近では「人間の平和」("Human Peace")と未来共生といったようなテーマを中心に広く活躍しておられます。

　「人間の平和と未来共生」の観点から国連の現状と課題、そして日本の役割などについて論じていただきたいと思います。

人間の平和と未来共生

星野俊也　　大阪大学副学長

　私は研究者として大学で教鞭をとっておりますが、ご縁がありまして外務省に出向し、国連日本政府代表部の政務部で実務を担当させていただく機会がありました。

　当時、神余先生が国連大使としてご赴任された時期とほぼ重なりましたので、御一緒に仕事をさせていただく光栄を得ました。着任当初の 2006 年、日本は国連安全保障理事会（安保理）の非常任理事国の任期中でした。安保理の非常任理事国の任期が終わった後も日本は引き続き国際の平和と安全の問題に積極的にかかわっており、特に国連平和構築委員会という組織のなかでリーダーシップをとりました。アフリカの紛争の問題が多かったですが、長期にわたり多くの犠牲を出している武力紛争を終結させた後、その国の政府や人々と国際社会が協力し、その国の復興と再建に導き、持続的な平和と開発の道筋を付けていくということが平和構築委員会の大きな役割です。これは紛争の再発の防止にもつながります。

　神余先生は基調講演の中で日本を平和創造国家と位置づけてお話されましたが、非常任理事国として安保理に議席を得ているときはもとより、安保理を出てからも国際の平和と安全の維持という国連の中核的な役割に関して大きなリーダーシップを発揮する場を持つことは非常に重要だと思っております。その意味で私自身、大変貴重な経験をさせていただいたと思っています。

　この後、本日の第 2 部では若い人たちの役割がテーマになっておりますが、私も教え子たちにも国連においてキャリアを目指すものが多く、非常にうれしいと思っておりまして、応援をしている次第です。

はじめに

　さて、本日の第 1 部は、「日本と国連――京都から世界平和を願って」ということですが、すでに神余先生からご紹介がありましたように、私は「人間の平和」と「未来共生」という言葉を中心に、21 世紀における日本

と国連の新たな関係についてお話をしてみたいと思っています。

　結論から先に申しますと、国連には「国家のための国連」というのと「人々のための国連」という2つの顔があるような気がしています。先ほど神余先生のお話の最後のほうに5つのPというのがありました。その1つが、PeopleのPということでしたので、私がここで議論する「人間の平和」という考え方とかなり重なるところがあるのではないかと思います。

（写真：2015年11月付京都新聞掲載）

星野　俊也（ほしの・としや）
大阪大学理事・副学長　元国連日本政府代表部公使参事官
1959年生まれ。上智大学卒業後、東京大学大学院総合文化研究科修士課程（国際関係論専攻）修了。同博士課程単位取得退学。大阪大学より博士号（国際公共政策）。在アメリカ合衆国日本国大使館専門調査員、財団法人日本国際問題研究所主任研究員、プリンストン大学客員研究員などを経て1998年大阪大学大学院国際公共政策研究科助教授、2003年同教授、2006年外務省に出向。国際連合日本政府代表部公使参事官。2008年に大阪大学大学院国際公共政策研究科教授に復職、2011年同研究科長、2012年大阪大学総長補佐、2014年同副学長、2015年8月より現職。

国連の2つの顔と「人間の平和」

　しかし、国連にもし「国家のための国連」と「人々のための国連」という2つの顔があったとして、それを私がいま問題とするのは、国連が設立された1945年からこの方、これまでの国連はどちらかというと国家中心で、加盟国が狭く定義をした国益中心の活動が中心であって、国連はその政治的な道具になってしまっていたのではないかとの印象を持っているからです。ですから21世紀の国連は、よりグローバルな視点から人々の生命や安全、自由、尊厳、福祉といったものを中心に据えた努力を追求することもまた重要であり、こうした努力を私はあえて「人間の平和」という考え方でとらえようとしております。

　平和を築くのも壊すのも、突き詰めると人間の行動によるところも多いので、「人間の平和」を前進させるには人々が国籍や民族、宗教、言語、さらにはジェンダー、性的指向の違い、あるいは病気歴や障がいを持って

いるかどうかの違い、あるいは世代間の違い、つまり子どもであるかお年寄りであるかといった年齢の違いなどによって文化的にも社会的にも多様な背景を持つ人々の間での共生が発展していくことが求められます。人々が違いの違いを持ち味と考え合い、寛容性を高めて、むしろ人間が持っている多様性を肯定的にとらえ、よりよい未来に向かって共生社会を築いていくための知識・技能・態度を養い、行動していくことを、私は「未来共生」のための努力と呼んでいます。こうした営みは人間にとって永遠の課題でありますが、それに正面から向き合うのがこれからの時代の要請であり、国連にとっても大きな課題であり、挑戦になるのではないかと思います。その中で日本がぜひ大きな役割を果たしてほしいと願っています。

　日本政府は1990年代の後半から国際社会において「人間の安全保障」という考え方を主流化する努力をしてきました。したがいまして「人間の平和」という考え方は決して日本にとって新しい考え方ではないのかもしれません。むしろ日本には、国連の新しい秩序形成にリーダーシップをとっていく中でこのように人間の多様性を未来に向かって育んでいく、そして共生社会をつくっていくという新しい理念をグローバルなスコープで制度化していくことが必要ではないかと思います。

　京都から平和を願うときに、私は国際の平和、つまり国家間の平和と安全保障も重要ですが、もっとストレートに国家のなかに暮らす人々、あるいは国家の庇護を受けられない人々など、「人々」の自由や福祉、尊厳に直接的に目を向ける「人間の平和」を尊重する秩序作りを広く訴える意義を協調することを、まず今日の議論のきっかけとして問題提起をさせていただきます。

「われら連合国の人民は」の意味

　先ほど「国家のための国連」と「人々のための国連」というふうに国連を2つに分けましたが、こうした議論は、実のところ今始まった訳ではありません。先ほどの冒頭のご挨拶の中で大谷本部長が国連憲章の前文では、「われら連合国の人民は、われらの一生のうちに二度までも言語に絶

する悲哀を人類に与えた戦争の惨害から将来を救う」、と謳っているという話をされました。そして冒頭に紹介された国連のビデオ※の中でも「われら人民」、英語でWe The Peoplesという言葉が流れていましたが、そもそもこの「われら人民」とは誰なのかということは国連創設のときからさまざまな議論があったのです。Weとは、一般に私たち、という意味で人々を意味し、したがって私たち人類全体を指すという考え方があります。これが、私が言う「人々のための国連」を体現した考えなのかもしれません。ですが、その一方で「われら」とは国連を創設し、加盟した国の政府が自分たちのことを言っているのであるからあくまでも「加盟国政府」の擬人化であって、世界の人々のことを直接表現しているわけではないという議論もあります。もちろんその両方だという説もあると思います。

　ただ、国連が「国家のため」であり、国連総会や安保理などの政治の舞台で、193 カ国の加盟国政府が互いに国益を中心に据えた交渉をし議決をして、秩序、規範、ルールをつくる、あるいは問題を解決していくという動きは国連でしかできない活動です。

　他方でそういう政治的な国連とは違って、国連難民高等弁務官事務所（UNHCR）だとかユニセフだとか国連開発計画（UNDP）、世界食糧計画（WFP）などたくさんの国連関係機関では国連職員の人たちが世界の人々のために活動している、そういう意味での「人々のための国連」という動きはすでにある程度までは実際に存在していると思います。

　ですが、私が期待しているのは、たとえ国家間の政治の場であったとしても、より「人間の平和」に直接的な目を向ける議論や制度づくりが進むことです。私がなぜこうした動きをあえて望むのかと言えば、21 世紀に入り、国連も 2015 年で 70 周年を記念するまでになったのにも関わらず、最近は「国家のための国連」に偏りすぎる動きが強くなってきているのではないか、特

※ The UN Turns 70：国連創設 70 周年
https://www.youtube.com/watch?v=fbNOwE_KcsY&index=1&list=PLNe0pDYSfDiuQNIznz79p7iXQONRgADAr

に安保理常任理事国である5大国は、国際社会全体の平和や安全のために行動するよりも、むしろ自国の利益を第一に優先しているとしか思えない行動が顕著になっている、そのようなことを私は心配しています。

　リアリスト（現実主義）の立場を取れば、国家が国益を中心に動くことは、いつの時代にあっても当然のことであり、利他的な行動を期待するのは理想論だと言われるかもしれません。しかし、実際の国際政治は、自己利益の促進と国際公共利益の拡大の両方のベクトルの間で動いており、決してどちらか一方だけではありません。とはいえ、最近の中国やロシア、あるいはアメリカもそうかもしれませんが、ユニラテラリズム、すなわち単独行動主義という言葉で表現したほうがいいような行動がより顕著になっていることが気になっています。ロシアのクリミア併合、中国の東シナ海や南シナ海での一方的な進出、あるいは「世界の警察官」の役割から逃れようとするアメリカなどです。

　ただ、これは逆説的に聞こえるかもしれませんが、国家といってもここでは政府とかその国の政治指導者と言い換えても良いのですが、なぜこれだけ主要国が国益を大上段に掲げて行動をしなければいけないかと言うと、実は国家というものが21世紀になって相当弱くなってきているからなのではないかと私は考えています。言い換えれば、相対的に国内に住む人々のパワーが大きくなってきているのではないかという逆説的な考え方をしているのです。

必要な大国の抑制

　実際、大国であっても国民の意見は無視できません。そしていくらインターネットを規制しても人々の心をつかむことができなければ政権や体制が危うくなるというぐらいに人々の声の影響が大きくなっています。大国であったとしてもそういうところから目が離せないような時代になってきているのではないかということです。

　同時に、私は人々が大きなパワーを持って現実を直視し、人々が新たに手にしたパワーをどのように行使していくのかについてもじっくりと考

えていく必要があると思います。ここで私が人々のパワーと言っているのは、スマホ、SNSを通じて連帯し、各地で集会を開いて自己主張をする人々のパワーです。「アラブの春」の動きを見ても、それが今や政権を打倒するほどの力を得ていることがわかります。

しかも、人々のパワーが正当な権利の行使としての自己主張ならまだしも、それが行き過ぎると極端な形でのナショナリズムにつながったり、さらには暴力的な過激主義に転じたり、自らの主張のみが正しいとする非妥協的で原理的な考え方を追求するようになったときは、これもまた問題を生み出します。ですから人間を中心に考えるというのは、人々の自由や尊厳や福祉に直接的に目を向けるという積極的な意味も持ちますが、人間自体が国家を動かし、また一般の人々であったとしても国家や世論や政策に大きな影響力を持てるような時代になった自らの力をしっかりと見つめ直して、抑制するところは抑制することが逆に今必要な時期に立ち至っているのではないかということも考えられます。

繰り返しになるかもしれませんが、アメリカ主導でイラク戦争が行われたこともありました。そしてイラクやリビアでは政権が打倒されるという動きが見られました。ロシアはクリミアを併合する、中国は南シナ海で、人工島を作るといった動きが顕著です。これは大国が内政不干渉とか国境線を力によって変えてはいけないといった国際ルールを一方的に破るような動きに出てきているので、引き続き国際の平和と安全の維持という意味では、国際ルールを尊重し、こういった大国の行動の抑制を求めることは必要です。他方で、こうした大国の政府の行動が、国内の多くの人々の声に促されたり、あるいは国民の体制批判の目をそらすために取られたりなどと、人々のパワーに呼応したものである可能性も見落とせません。

アメリカは国連創設の原動力になった国で、戦後の国際秩序を守る立場にありましたが、最近は内政に目を奪われ、大統領選挙も近づいてシリア問題にも目を向けない、東アジアにも目を向けないという内向きの動きを示しています。そうした動きの背景となる国内事情にも気をつけなければいけないのだろうと思っています。

人間の多様性を見つめ直す

　ところで、「人々のパワー」といったときには、今日、企業を通じたビジネス活動が国家よりも大きな力を持っていること、市場が国家の命運さえも左右するような動きも出てきています。そして、先ほどの暴力的過激主義ということですと、アルカイダやISILといった集団が国境を無視して暴力的なテロを行う動きが活発化するという深刻な問題があります。また、国家と人々のせめぎ合いということですと、われわれは毎日テレビのニュースを通じてシリアの内戦から難民化した人々が大量に欧州に押し寄せている状況を目の当たりにし、どのようにして人々に保護を与えるのか、あるいはその人たちをどう受け入れるのかという切実な問題を考えざるを得ない状況になっています。
　大量の難民には人道的な保護はもちろん必要なのですが、よそ者が大規模に流入してきたときの受入れ国の不安や負担をどのように考えたらよいのかということです。
　難民と言うと、多くの方は1951年の難民条約のことをご存じかと思いますが、それよりも前の1948年には国連で世界人権宣言が採択されました。この宣言の14条を見ると、「すべての人は迫害を免れるため他国に避難することを求め、かつ避難する権利を有する」とまで言っています。ですから人々が迫害される、あるいは恐怖を感じるので国外に避難することは権利であるという国際理解が実際には存在しています。そこでシリアから逃れてきた人々のために欧州の当事国や欧州連合（EU）、そしてUNHCRなどの国連機関が人々の保護と受入体制の整備を進めているわけです。しかし、大量に流入する人々をどう受け入れるのか、最近は人々を「保護する責任」という考え方も打ち出されてきていますが、他者を保護する義務や権利というものはまだ十分に定着していないのではないかと考えます。
　こういった問題はやがて日本にも関係してくるでしょうし、少子化高齢化がさらに進むなか、他国からの労働力の受け入れの必要性が高まったと

きにどうなるのか、という問題にも結びついていくはずです。

こうなってくると、やはり根本的なところで、自己と他者を区別し、自己の利益や価値観を優先し、他者に対して不寛容な態度や行動を取りかねないという難しい問題に立ち向かう場面が増えてくるのだろうと思います。

国家といっても結局は人間が動かし、さらには政治指導者が自らの権力とか権益を維持拡大することを目指して行動することもありますので、やはり国連の観点でグローバルな課題を議論するときにも、足元の人間としての私たちの行動自体を見つめ直さなければいけないのではないかと考えます。

人間は多様です。そしてその人間にとってもっとも重要な価値は自由と言ってもよいと思います。そして自由が保障されれば人々はその潜在力や豊かな才能を最大限に花開かせていくことができると思います。そして多様な人々が平和的に互いの才能を刺激し合うことができればさらに大胆な、斬新な優れた結果を導き出す機会がつくられていくことでしょう。これは学術や芸術、スポーツ、ビジネス、政治の世界でも同じだと思いますが、こういった人間の多様性をいかに肯定的な形で育んでいくかというところに私は「人間の平和」というものの重要性があるのではないかと考えております。

「人間の平和」と自由を尊重する秩序の形成

では、どうして人々が対立するのかと言うと、やはり文化的、社会的な多様性というものをすっきり受け入れるよりもむしろ恐怖だとか不安を先に感じ取るからだと思います。それは他者に対しての無知ということがあるかもしれませんし、また十分に相互理解や学びが至っていないからかもしれませんので、他者との共生や他者に対する寛容や相互理解に向けた教育をしていくということの重要性を認識させられます。

そして、今年は国連創設70周年かつ戦後70周年ということでもありますので、日本の近隣諸国との歴史問題なども現実的な課題として取り上げられてきました。もちろん歴史を正しく見つめ直すことは重要ですが、

同時に歴史を政治的なカードとして使うことは極力つつしむこと、むしろ次世代を育てる教育の現場では憎悪を再生産するようなことは避けるといった努力も必要なのではないかと思います。そのために未来志向の共生の重要性ということをあらためて強調したいと思っている次第です。

以上をまとめると、人間にとって自由は重要ですが、行き過ぎた自由や独善は富の独占や政治権力の独占による専制とか独裁になりかねません。あるいは思想的に過激で暴力的な原理主義につながったり論点の過度の政治化を招いたりするリスクを伴いますので、専制を脱し（脱専制）、過激主義を排し（脱過激化）、論点の政治利用を控える（非政治化）といった動きの重要性をこれから教育の現場でも、国連の議論の中でも進めていくことが必要なのではないかと思っています。

京都から平和を願うときには、私は国際の平和とともに「人間の平和」と自由を尊重する秩序の形成の重要性というものをあらためて強調して、希望を未来につなぐことができるような共生社会の実現、すなわち「未来共生」の実現に向けた国際協調の重要性をあらためてこの場で強調しておきたいと思います。ありがとうございます。

神余 星野先生、どうもありがとうございました。非常に重要なさまざまなキーワードを提示して説明していただきましたので、今後のディスカッションの1つのベースになると思います。

それでは、続きまして中西先生にご登場いただきたいと思います。

中西先生は、国際政治研究の第一人者であり、数々の大きな業績を残しておられます。高坂正堯先生の流れをくむ国際政治学者であり、『国際政治とは何か』という中公新書では、国連の集団安全保障のジレンマを含めてさまざまなことを論じておられます。皆さんの中でお読みになった方もいらっしゃると思います。

アメリカの影響力が相対的に低下してきている今日、それに対抗する中国の台頭や膨張といったことに見られるように、世界はますますフラットな世界になっていくのではないか、イアン・ブレマーの言う誰もリーダーがいない、「Gゼロの世界」に近い状態になってくるのではないか。我々

はいま、そういった世界秩序の大変革の時代に立ち至っています。そうした観点から国連はこの世界の変化、あるいは国際政治の構造的な変化によってどのような影響を受けているのか、そしてその中における国連の役割とそれを支える加盟国としての日本の役割といったものもあると思います。そういうマクロ的視点から中西先生にぜひプレゼンテーションをしていただきたいと思います。

国際政治から見た国連　　　　　中西　寛　京都大学大学院教授

はじめに

本日、この国連70周年を機会とするシンポジウムにお招きいただいて感謝を申し上げます。本日、登壇するメンバーの中で私は率直に申しまして一番国連に縁のない人間でありまして、国連という場については多くの皆さんと同じようにメディアを通じてしか知るところがほとんどない、現場の経験がない者ですが、国際政治学という観点から国連も研究の対象として考えております。そういう観点からお話をさせていただきたいと思いますが、すでにお話になられた神余先生や星野先生の話と重なるところもあるかもしれませんが、別の観点からの整理であると思ってお聞きいただければと思います。

国連創設時の考え

今年は国連創設70周年ということですが、よく戦争について将軍というのはその前の戦争を戦いたがると言われることがありますが、恐らく政治家も同じで、その前の戦争の教訓を学んで平和をつくりたがるということがあると思います。現在の国連が70年前にできたときには、国連憲章の前文にもありますように、二度の悲惨な大戦を経験したことに思いが寄せられています。1回大きな大戦を経験してもう戦争はやめる、平和を恒

久的なものにするというつもりで国際連盟をつくったのにそれが失敗したというその経験がすごく大きかったのだろうと思います。

　当時の指導者たちが得た一番の教訓としては、国際連盟は大国がきちんと入らなかったということが最大の弱点だったと考えていたと思います。アメリカが第一次世界大戦後に連盟に入りませんでした。またソ連も入っていなくて1930年代にようやく入りました。逆に日本は最初から入っていましたけれども1930年代に抜けた。ドイツもナチスのもとで30年代に抜け、また、イタリアも抜けたということで、世界の主要な大国がきちんと国際連盟にかかわらなかったことが第二次世界大戦を招いたということが大きな教訓だったわけです。

　ですから新しく国際連合をつくるときに、ともかく大国間の協調を築くということを最大の目的にして国際連合をつくりました。したがって安全保障理事会に非常に大きな権限を与えて、そこで主要な大国、いわゆるP5ですがアメリカ、ソ連、イギリス、フランス、中国、もっとも当時は中華民国でしたが、その5つの国がともかく協力を崩さないということを重視したわけです。そのために、特にアメリカはソ連に譲歩して拒否権も与える、5つの国の1つでも反対すれば合意が得られないということまで決めて、この5大国の協調こそが第二次世界大戦後の平和を維持する上で重要な鍵だということを考えたわけです。

　70年たってみて、その仕組みがよかったか悪かったかということについてはいろんな評価があると思いますが、私は根本から言って大国間の協調があって初めて安保理が機能し国際連合が機能すると考えます。逆に国際連合があり安保理にさまざまな制度や仕組みがあって、それで大国間の協調が形成されるかというと、逆は必ずしも真ならずということが70年間の経験であったのではないかと思います。

　冷戦が端的にそうでして、アメリカとソ連が第二次世界大戦直後から対立することによって安保理はまったく機能不全に陥ってしまい、国連の柱であったはずの安保理は冷戦期には非常に機能が低下していたわけです。冷戦が終わった後、湾岸戦争の経験などいろいろな形で安保理を中心に国連は復活するかに見えましたが、近年ご案内のようにアメリカとロシア、

あるいは中国、ヨーロッパ、それらの国の関係はまた不安定な要素が出てきて、安保理での議論は必ずしも円滑にいかないという状況になってきています。これはもちろん拒否権の問題などもありますが、根本は国際連合を大国間協調の仕組みを達成するための組織として見た場合に、大国間に協調できるバックグラウンドがあるかどうかが重要で、国連があるから大国間の協調をもたらすことは本質的にはできない、もちろん補助的にはいろいろな役割がありますが本質的に国連の場でそもそも対立がある大国間の間をつなぐことはできないということが明らかになって、その問題に現在の国連は苦しんでいるという1つの側面があるだろうと思います。

（写真：2015年11月付京都新聞掲載）

中西　寛（なかにし・ひろし）
京都大学公共政策大学院教授
1962年大阪府生まれ。京都大学法学部卒業後、1987年京都大学大学院法学研究科修士課程、1991年同博士後期課程退学。同年京都大学法学部助教授。2002年現職。この間、1988-90年シカゴ大学歴史学部博士課程在籍、94年から95年文部省在外研究員としてロンドン大学政治経済校（LSE）、オーストラリア国立大学に在籍。

　他方で、この70年間に大きく変わったことは、ご存知のように国際連合はそもそも安保理中心でつくるつもりだったのですが、やっているうちにそうした大国間の関係以外のさまざまな国際社会の問題を扱わなければいけないということがわかってきました。経済社会理事会というのが国連にありますが、これなどもサンフランシスコで憲章が起草される最後の段階でつくられたもので、決して当初は重要な役割があるとみなされていなかったのです。その経社理がつくられ、さまざまな専門機関が関係を持ち、また国連関連機関という形で膨大な組織が今日まで積み重なっていて、この会場におられる何人かの方も実際にかかわっておられるのだろうと思います。

　そうしたことはいささか皮肉を込めて言うと、安保理が機能しない国連ですることがないからほかの仕事を増やしたという側面が全然ないとは言

いませんが、やはり本当の理由は別にあって、1945年に国連をつくった人たちが思った以上に国際社会にはそうした大国間の平和や協調という以外に重要な問題がたくさんあって、そういう問題について対応できるのは国連だけであるということが次第にわかってきたのだと思います。それはどちらかというと大きなプランニングや設計図があるというよりは、その場その場で出てきた問題に対応して新しい組織をつくっていったということの積み重ねが国連のもう1つの姿を形成しているということではないかと思います。

現代政治を動かす2つのモード

あらためて私は2つのロジック、あるいは2つのモードが現代の国際政治を動かしていると思います。第1のモードは大国間関係です。アメリカ一極主義と言われた時代がしばらく前までありましたが、今日そういう見方は基本的にとられておらずに、アメリカ、中国、ロシア、ヨーロッパは1つにある程度まとまっていると考えてEU、あるいはドイツでしょうか、さらにインド、ブラジル、そして日本も入るかはわからないですが、そういった大国間の国際政治というのが今日あらためて問題になっています。

昨今アメリカとロシアの対立がかなり厳しくなっている、あるいは日本と中国の間でさまざまな摩擦があるということはご案内のとおりですが、冷戦のような形で決定的な分裂には至っていません。いろいろな形で協調と競争を繰り返していますが、そうした大国の動向というのがあらためて重要になっていて、先ほど星野先生もおっしゃったように国連のさまざまな問題解決の支障になっている局面もあります。

もう1つのモード、モード2は、いわゆるグローバリゼーション、人間の安全保障とか星野先生の言葉だと人間の平和かと思いますけれども、そういった側面が国際社会に与える影響も非常に大きくなっているということです。そのカテゴリーにはいろいろなものが含まれていて、端的にわれわれの目につきやすいのは例えば国境を越えるテロ活動、9.11事件であるとかイスラム国の存在であるとか、そういったものの活動が大国をも動か

しているわけです。

あるいは内戦、そしてそこから生じる難民問題、さらには感染症の問題や環境破壊からくる災害といったさまざまな問題が大国間の行動とは別の次元で起きているのですが、冷戦が終わった今日ますますそうした問題が国際政治に与える影響も大きくなってきています。

そしていま、国際政治の1つの焦点はシリア内戦ですが、シリア内戦という状況を分析してみても、そこで起きていることは私が話をしたモード1の大国間の合従連衡といいますか、協調と競争の側面とグローバルなさまざまな諸問題というのが絡み合い、重なり合って起きている問題です。

そもそもは「アラブの春」の後シリアで内戦が起きた。それと隣国のイラクでの混乱状態が結びついてイスラム国というのが急速に力を増してきた。それに対してアメリカが軍事介入を考えたけれどもなかなか政治的に受け皿になる存在がない。そこにアメリカと対立していたロシアが恐らくアサド政権を支援する意味もあって空爆をするという形で介入してきた。大国間の非常に複雑な駆け引きとシリアの内戦状態、そしてそこから出てくる難民の噴出が周辺国だけではなくてヨーロッパ諸国にも大きな影響を与えているわけです。大国間の政治だけでも国際政治は動かないし、グローバルなさまざまな集団についてコントロールする存在がないGゼロのような状態ですが、あえてそこでコントロールを行おうとするとやはり主権国家が何らかの形でかかわらざるを得ないという複雑な状況がシリア1つとってみても表れてきている、それが現代の国際政治の実態ではないかと思います。

安保理偏重の国連システムの現実的な改革

そういうものを考えたときに、現在の国連がそもそも出発の時点から現代のそうした問題に対応できる仕組みを前提としていないということは率直に認めないといけないと思います。もちろん安保理の常任理事国が現在の5大国でいいかと言えば、恐らく今5つ選ぼうと言えばイギリスやフランスは入ってこないでしょう。ですからこの選び方にも問題がある。

しかしそれ以上に安保理というところに非常に大きな権限を持たせて、そこで議論をするということと、国際社会が対応しなければいけないさまざまな問題、たとえば難民の問題や平和構築の問題、そういった問題をどうするのかということは、当然ながら経済や社会、文化、教育といったものにもかかわってくるので安保理だけでは十分に対応できない問題だろうと思います。現在の国連は恐らく安保理に権限が偏重されているということは率直に事実だろうと思います。

　しかし、好むと好まざるとにかかわらず、こういう巨大な国際機関というのは大きな戦争のような大規模な国際秩序の変革がなければ新しくつくり変えられるということはあり得ないであろうと思います。

　ですから第三次世界大戦がなければ国連に代わる新しい組織を一からつくり直すということはまず無理であり、そういうことは誰も望まないので、現状の国際連合の憲章を前提にいかにそれに修正を施していくかということしかわれわれには現実的な選択肢はないということだろうと思います。

実務的、制度的な安保理改革

　その上で何がなされるべきかだと思うのですが、日本の役割も交えていくつかお話したいと思います。1つは先ほどの神余先生のお話にもありましたように、安保理改革というのは必須であろうと思います。ただ、私はG4のような考え方で日本、ドイツ、インド、ブラジルなりを安保理に加えるということは1つの考え方として確かに正当性はあると思いますが、それによって安保理が抱えている、あるいは国連が抱えている現在の問題が本質的に変わるかというとかなり懐疑的です。常任理事国の5を9に変える、新しく入る4はとりあえずは拒否権を使わないということで多少よくなるかもしれないけれども逆に悪くなるかもしれないので、私は日本の立場を離れて言えば、そのことが安保理改革のキーではないのではないかと正直思います。

　むしろ重要なのは、安保理においていかに大国間協調以外の問題をきちっとリプレゼンテーションするか、経済社会理事会とか国連のさまざま

な専門機関で行われている議論をきちんと安保理のアジェンダとして設定するか、そのためにはそうした諸機関の代表や国連の事務局の責任者が安保理においてきちんとした発言権を持って、常任理事国を含めた安保理理事国に問題を投げかけて、そうした諸国の責任としてこういった問題を解決すべきだということをより明確に提示する。そのために総会の各国の代表的意見や国際世論、メディアがプレッシャーをかける仕組みを作るほうがより重要な意味があるのではないかと思います。

　日本もやはり安保理改革を主張するときに、当然日本のことだけを考えているわけではないと思いますが、何を目指して安保理改革をするのかということを明瞭に説かなければなりません。そもそも安保理改革には国連憲章を変えるという非常に難しいハードルがあり、5大国が承認しないと国連憲章は変わりませんから、中国が日本を常任理事国にしてはだめだと言っている限りは日本は常任理事国にはなれないのです。これは現実なので、中国の態度を変える努力もしなければいけないのですが、安保理を含めた国連憲章を変えるというよりは、より実務的に制度的な変化を定着させる努力をすることに日本はフォーカスしてもよいのではないかと思います。

説得によるマネジメント改革

　2番目は、神余先生も言及されたマネジメントというか行政改革でありまして、国連は下手にその場その場でリフォームしてきた家のようなものでありまして、いっぱいつぎはぎがあったり無駄な柱が立っていたり、よくわからない場所があったり危ないところがあったりいろいろするのが現在の国連という組織だろうと思いますので、それをできるだけ合理的に改革していくということは当然必要です。もちろんそういう問題があるということはみんなわかっているのですが、さまざまな利害が絡んでなかなかそれが変えられないということです。ですからマネジメント改革をするためには、どういう設計図でやりましょうというだけではなくて、利害が絡んだ人たちを一所懸命に説得して納得させていくという外交努力が必要であろうと思います。日本がそういうことをやるためには、恐らく粘り強

さ、経験値の上昇というのが必要で、そういう要素を日本政府はバックアップしていく気構えが必要だと思います。

カネよりも人材による国連での存在感

　3番目は、日本が特に国連外交という舞台で何を重視するのかということです。これまで日本は経済大国ということで分担金も第2位でやってきましたが、恐らくそれは遠からず変わるでしょうから、根本から言うと金だけではない形での参画ということがより必要になってくるであろうと思います。

　金についても日本は少なく、例えばODAについて0.7%目標に対して0.2%しか出してないので、ODAなり国際協力という形でもっと増やさないといけないことは確かにあります。しかしそれは国連の場所には限らないので、いろいろな形でそれをやるということになると思うのですが、特に国連については人材の問題が大きいのだろうと思います。

　国連の組織は非常に属人性が高く、例えば緒方貞子さんのような人は日本人だから、あるいは女性だから非常に評価が高くなったわけではなくて、緒方貞子という1人の人物が大きな影響力を持つ人であった、俗な言い方をすれば玉がよかったわけです。そういういい玉を持っていないとなかなか国連の実務的なところで活躍することはできません。国が後押ししてそのときはちょっとうまくいっても、評判の悪い人を後押ししていたということになると後になってマイナスで返ってきますので、そういう意味でよい人材をいかに育てるかということ、これはもちろん一朝一夕にはできませんが、そういうことを時間をかけて体系的にやっていかないと、なかなか日本のこれからの国連での存在感というのは難しいと思います。

日本にとって国連はより重要になる

　最後に、日本にとっての国連ということを申し上げて終わりにしたいと思います。今申し上げたようないろいろなことを日本はもうやらなくても

いいのではないか、国連はそんなに役に立つのか、あるいは日本にとって国連は本当にそんなに重要なのかという意見もあるかと思いますが、私は今後国連は重要性を増していくと言えると思います。

　現に今、周辺国から歴史の問題などで国連の舞台で批判を受けることもあるように、国連という場所はますます本格的な国家間の外交の場としても重要性を増していくと思われます。国連という場でどういうイメージが形成され、ある種の批判を受けたときにどういう形でそれに対応するかということは、その国家の対外政策において今後より大きな比重を持っていくと思います。そういう側面で日本の外交官や代表の弁舌能力というものがミクロのレベルではもっと鍛えられるべきだと思います。しかし、究極的にはやはり日本が国連を中心とした国際社会で何をやっているのかが重要です。とりわけ私の言葉ではモード２の人間の安全保障とか人間の平和とかそういうグローバルな国際問題について、日本はリソースは実はたくさん持っていると多くの人に言われていて、現場に対する感覚であるとか日本人の勤勉さといったものが尊重される局面はたくさんあるのだろうと思うのですが、そういったものを国連の舞台とどうつなげていくかということが日本にとっての課題です。そういう形で日本が国連に対するアプローチというものを見直していくことが日本の国益にとっても重要な課題であると思います。

　ご清聴ありがとうございました。

　（拍手）

　神余　中西先生、ありがとうございました。マクロな観点から種々の重要な提言、あるいは見方を伝えていただいたと思います。モード１もさることながら、モード２のところでもっと頑張るべきではないかということを含めてさまざまな視点、論点を提供していただきました。

　３番目のスピーカーは儀間さんです。

　儀間さんにつきましては、ジャーナリストであり、共同通信の外信部長をしておられるわけですが、ジャーナリストとして国連での取材が大変多くあります。ニューヨークで各国外交官の駆け引きの舞台をつぶさにご覧

になったということもさることながら、イラク戦争でアメリカ軍に従事して従軍取材をした経験もありますし、イラクではさらに国連やアメリカの活動状況を取材されたということで、まさに紛争の現場を取材された経験が豊富な方です。

　国連の政治が行われている舞台、安保理をご覧になっていただいているということで、現場とニューヨークの本部の両方を経験されてこられ、しかもジャーナリストということで、官僚あるいは政治家、また学者とは少し違った見方があるのだろうと思います。

議場と戦場　　　　　　　　　　儀間朝浩　共同通信社外信部部長

はじめに

　基調講演をされた神余先生、星野先生、中西先生のお話を今伺っていて、自分が国連にかかわって国連を取材してきた中で思っていたことを、少し頭の整理をさせてもらったという感じで非常に感化されました。

　私は外交官でも国連の職員でもなく、あるいは中西先生のように研究者でもない、いわば第三者の立場として国連を見てきた立場から少し体験談を紹介させていただければと思います。それが皆様方の国連に対する考え方のご参考になればと思います。

　私は1997年から99年までの2年間、ニューヨークの国連本部を担当して取材をしていました。当時の国連大使は小和田恒さんという方で、現在の国連大使の吉川元偉さんは当時公使でいらっしゃいました。そういうご縁もあり、国連本部の取材は今もって印象深く残っています。

イラク問題に関する国連本部での取材

　国連担当と言っても、安保理の取材がやはり中心になるわけです。当時、イラクの大量破壊兵器の問題が安保理の最大の焦点でした。まだサダ

ム・フセイン大統領といういわば独裁者がイラクにいて、核兵器を開発しているのではないかとアメリカを中心とした欧米の国からそういう目で見られていました。それを国連が査察に入る、それを持っていない、開発していないことを証明しろという要求を安保理はずっとやっていたわけです。

ただ、当時のイラクのフセイン大統領は駆け引きがうまかったのでしょう、なかなかそれに応じなくて、受け入れたと思ったらすぐまた拒否するという事態が何度も繰り返されて、98年にはアメリカとイギリスが大量破壊兵器を開発していると思われる場所を空爆する事態にもなりました。それが後の2003年のイラク戦争につながっていくわけですが、そういう状況の中で安保理を取材していました。

(写真:2015年11月付京都新聞掲載)

儀間 朝浩（ぎま・ともひろ）
一般社団法人共同通信社外信部部長
1960年沖縄県生まれ。琉球大学を卒業後、84年共同通信社に入社。高知支局、岡山支局、大阪支社勤務を経て本社外信部。94-95年テヘラン支局長。96-99年のニューヨーク支局在任中に国連本部を担当。96年12月から97年4月、南米ペルーでの日本大使公邸人質事件を取材。2002-03年イスラマバード支局長としてアフガニスタン情勢を取材。2003年3月開戦のイラク戦争で米軍に従軍取材。2003-06年カイロ支局長。戦後にテロが相次いだイラクで米軍当局や国連の活動を取材。外信部次長、担当部長などを経て2014年6月から外信部長。

　安保理を取材するといっても、テレビでご覧になるように、席が円卓になった議場でやる場合は公式の協議で、各国代表が演説したりするわけですが、あれは最終的に決議案への態度が固まって、そこで議長が採択する最終的な場面です。それまで各国いろいろ水面下で交渉をするわけです。安保理のある建物の中でも別に非公開で交渉する部屋があります。そのためわれわれ取材する記者は安保理の前の廊下にずっと陣取っていて、協議が終わって外交官が出て来るのを待っているわけです。次から次に出て来た外交官をつかまえては今日は何を話し合ったのか、決議案はどういうふうになるのか、イラクの問題はどう進展したのかという質問を浴びせて取

材をしていくわけです。

　安保理が各国外交の主戦場というのは知っていました。もちろん国益が絡んできて、日本の代表部であれば日本政府、外務省の指示を受けて訓令通りに交渉していくということです。

安保理の廊下での虚々実々の駆け引き

　取材する中で今でも鮮明に覚えている一番印象的なことなのですが、国連本部の中で安保理の前に廊下がありまして、広い廊下ですから窓際に各国外交官、記者も含めてですが談笑できるようなソファーがいくつか置いてあるのですが、あるときあまり人はいませんでしたけれども、廊下を歩いていると、当時のロシアの国連大使とイラクの国連大使が2人だけで向き合ってソファーに座って何か話をしているわけです。

　当時のロシアの国連大使は今外務大臣をやっておられるラブロフさんという方でした。この方は英語も非常に達者で、ネイティブ並みの英語を話されていたと思います。私はたまたまそばを通り過ぎただけなのですが、比較的大きな声でやり取りしていたので話し声が聞こえてきたのです。ラブロフさんがイラクの大使に向かって言っていたのは、私の聞き取りが間違っていなければ、「今度は一体何を俺にしろと言うんだ」というようなことを詰め寄っているわけです。つまり、当時イラクの大量破壊兵器の問題ではロシアがP5の一員として拒否権を持っていますからイラクの後ろ盾になってアメリカやイギリスと対立していたわけです。大量破壊兵器の査察をめぐる安保理決議についてもロシアがイラクの立場を代弁していたということになります。

　そこでロシアとしてはその決議案の内容を詰めるためには、やはりイラクがどう考えているのかイラクと相談しなければいけないわけです。もちろんラブロフ大使としては本国の指示を受けてそれをやっているのだと思いますけれども、ニューヨークの安保理の廊下の片隅でイラク大使から直接聞いていたのです。

　私にはラブロフさんは少し居丈高で、イラク大使のほうが平身低頭でこ

れをよろしくお願いしますみたいな態度を取っていたように見えました。イラクとしては、その当時としてはやはりロシアにすがるしかなかったということだと思います。

どうしてラブロフさんが公の場で、誰からも見える場所でイラク大使とそういう決議案をめぐる重要なやり取りをしていたのかということを後でちょっと考えてみましたけれども、推測ですので間違っているのかもしれませんが、ロシアとしては基本的にイラクの後ろ盾ではあるけれども、自分は必ずしもイラクの主張を全面的に信用しているわけではないというようなことをほかの欧米の諸国に見せたかったのではないかという気もしました。

自分は本国の指示で仕方なくやっているけれども現場でイラク大使の言いなりになっているわけではなくて、ちゃんとイラクとも交渉してやっているのだという姿をラブロフさんとしては見せたかったのではないかという気がしました。

国と国の国益がぶつかり合う安保理の場ではありますが、それは機械的に主張をぶつけ合う場所ではなくて、個性を持った外交官たちが時には素顔をさらしながら駆け引きする場所でもあるのだという印象をそのとき強く持ちました。

恐らく安保理だけではなくて国連の中であちこち国益が絡みながらではありますけれども、そういうやり取りが日々あるのだろうと思います。

イラク戦争での米軍従軍取材

私自身は90年代の後半にニューヨークで安保理を取材していたわけですが、その流れというわけではありませんが、2003年にイラク戦争が起きたときに、このときはイスラマバードというパキスタンの支局におりました。どうしてパキスタンに行ったかと言いますと、アフガン戦争が起きたからなのです。それまではパキスタンには支局はありませんでしたが、ブッシュ大統領のアメリカが9.11の後、2002年にアフガニスタンに侵攻したものですから行けということになりまして、イスラマバードに支局を

つくって取材をしていたわけです。

　そのうち2002年も押し迫ってきますと、今度はアフガニスタンどころではなくどうもブッシュ大統領はイラクで戦争を始めそうだという話になってきて、2003年の正月、今度はクウェートに行って待機していろということになりました。クウェートというのはご承知のようにイラクの隣の小さい国です。そこにすでに米軍が集結を始めていましたのでそこで待機していろということで2003年1月から3月まではほぼ何もせずにホテルで暮らしていたわけです。3月20日イラク戦争が始まるのですが、当時は、アメリカだけではなく世界各国からアメリカ国防総省が従軍記者を募集したわけです。

　恐らく世界中から700-800人だと思います。共同通信からはお前が参加しろということになりまして、小さい装甲車の中に兵士が5人いたのですが、その中に同僚のカメラマンと2人で一緒に合計5人プラス2人になってしまいました。装甲車といっても狭い場所で寝る場所もないのですが、そこでおよそ2週間首都のバクダッドにつくまでずっと移動しておりました。戦争の最中に入って行ったのですが、戦後もイラクの取材をすることになってしまいました。

　ご承知のように、その後イラクはテロの嵐が吹き荒れて、2003年の戦争が終わって数カ月後ですが、国連の人道問題担当の事務総長特別代表だったと思いますがデメロさんという方が爆弾テロで亡くなられました。あれが恐らく国連の人道支援活動にとってもっとも大きな衝撃だったのではないかと思います。

国連の人道支援も命懸け

　国連というのは紛争の防止と、もう1つ大きな役割は人道支援の2つがあると思います。安保理でさえ大国の国益が絡み合ってなかなかうまくいっていない現場を見てきた私としては、せめて人道支援の現場ではうまくいってほしいと思っていたのですが、デメロさんが殺されるようなテロの現場にいて、国連の人道支援といっても決して楽ではないというのを

思い知ったわけです。そういう意味で国連にとってあのころは大変な時期だったと思います。

安保理で先ほど述べたようにイラク問題をずっと交渉していて、大量破壊兵器問題で何かをそこで決めても、実際には戦争になってしまってなかなかうまくいかない。安保理も機能していない。その現場であるイラクでは、テロの嵐に見舞われて、今は少し落ち着きましたが、なかなか安定しているというところまではいっていないのだろうと思います。おまけに隣の国のシリアがあのような状態になってしまっていますので、イラク戦争の後遺症ということになるのかもしれません。

ただ、人道支援というのは先ほどの中西先生のお話にも少しありましたが、恐らく国連の活動の最後の砦ではないかと私は思っています。これさえもうまくできなくなると、国連は何のためにあるのかという議論がますます高まってくるのではないかと思います。

国連を目指す若者へ

皆さんの中にも将来国連の職員を目指すという方もおられるかもしれませんが、神余先生のお話の中にもありましたように、日本人の職員がたくさん国連の中にいれば、われわれジャーナリストにとっては日々やり取りできる立場、情報入手という面からですが大いに助かります。同様に日本が安保理の中に入るというのは、そういう情報を入手するということも1つの大きな目的だと承知しています。その意味でも国連で働きたいという方は、ぜひどんどん挑戦していただければと思います。

ただ、今までのお話に出ていたように、日本の国家のためというだけではなく、国連という組織を日本人がもっと深く理解する、知る、あるいは国連をこれからどうしていくかということを考えるという意味で、やはりより多くの日本の方々が国連の中で活動するというのは大変重要だと思っています。常任理事国になるかならないかということに限らず、国連についてもっと議論するために多くの方々がもっと活動にかかわっていっていただければと個人的には思っております。

神余 儀間外信部長、どうもありがとうございました。取材を通じて現場とニューヨークの安保理におけるやり取りとの乖離、あるいは微妙な駆け引きと現場で人道支援を命懸けでやっている人との対比などが鮮明に伝わったと思います。

以上をもって3人のプレゼンテーション、問題提起は終わりましたが、ここで私から質問を投げかける前に、皆さんの中に、星野先生あるいは中西先生、儀間さんに、これだけは聞いてみたいこと、あるいはご意見、コメントでもよいですが、ありましたら各先生方について1問ずつ会場から聞いてみたいと思います。それではまず星野先生にこれは聞いてみたいということがあればお願いします。

会場からの質問 3人の先生からお話いただきまして、いろいろな気づきがありました。本当にありがとうございました。

星野先生の話の中で、突き詰めると人間の自由というものをいかに実現するかということがとても大事だというご指摘があり、そして更に福祉という話も出ておりました。例えば私たちの生活の中では障がいの問題、食糧危機の問題、環境問題ももちろんあると思います。人道支援に関しては人道支援が本当に実現できるかという課題もあるという話もありましたが、科学技術の進化に視点を向けた場合にもっと果たせる部分、解決されていく面が大きくなってくる可能性についてどのようにお考えになるか、科学技術の負の側面などもあるかもしれませんが、可能性としてどう考えておられるかということをお聞きしたいと思います。

神余 ありがとうございました。

それでは今の人類の福祉と科学技術の問題に対して、星野先生から簡単にお願いします。

星野 私が「人間の平和」という話をして、平和という言葉にこだわった理由は、人々の福祉を大事に考えるべきだという考え方とつながっているからです。その場合の人々というのは決して特定の人々というのではなくて「すべての人々」、多様な人々ということですから障がいを持った方たち、あるいはジェンダーの問題、高齢者、子供たちも含めて、みんながそれぞれ豊かになれるような、そういう世界はどうやったらつくれるのだ

ろうということを問題提起したかったのです。その部分はしっかりとご理解いただいたのではないかと思うのです。

　そのためにどういうアプローチがあるのかと言うと、恐らく3つあると思います。1つは自助努力です。人間が人間を痛めつけている場合もあるし、救っている場合もあるので、やはり自分が自由を享受するとともに相手の自由もしっかりと理解するというように、一方で自由を享受しながらもう一方ではやり過ぎないように自制をするという、人間同士どうやって仲良くしていくか自分自身で努力していくということです。

　2番目は科学技術についてですが、人間だけでできないことは技術や科学技術によってカバーするというところも当然出てくるし、今までもそうやってきたのだろうと思います。しかし、科学技術が万能ではないことは福島の原発事故でもわかったことですので、やはりあくまでも人間の活動を補うような形での科学技術の適正な利用ということではないかと思います。

　3番目は、人道支援で物ごとを解決しようと思っても、その根底に政治的な対立とか権力闘争があると、これはどうにかして異なる立場の間での妥協点を見出すという政治決着とか政治解決が必要になります。こうした政治の側面は、無視できません。

　以上のような次元が違う3つの行動を重ね合わせていくことによって人間の福祉、さらには「人間の平和」というものを前進させていくことにつながるのではないかと考えます。

　神余　ありがとうございました。

　それでは中西先生のプレゼンテーションに対して質問をどうぞ。

　会場からの質問　高坂正堯先生からよく聞かせていただいたのですが、やはり国連は利害関係で動いている。日本では国連至上主義で国連は素晴らしいものだ、理想の組織だなんて言っているが、各国が群雄割拠した、利害関係だけの組織だというのが本当の姿で、その本当の姿を日本人は70年間何も見てないと思います。その証拠に、日本をやり玉に上げたりしているが、日本は70年間他国に一発も銃を撃ったことがなく、自衛隊は他国の誰1人も殺していない、世界で日本は神様のような存在で70年間侵略していない。本当の平和を日本はもう完全に実現している。なぜ右

へならえして他国が鏡としないのか。朝鮮戦争でアメリカ軍を筆頭とする国連軍の敵はソ連共産党スターリン、そして中国共産党毛沢東、そして北朝鮮の金日成であった。これらが 38 度線で攻防して侵略してきたのです。それを何一つ検証しない。国連の敵はこの 3 国である。そしてその後に冷戦が終わり、ソ連共産党は 90 年に崩壊し、中国共産党も完全に共産主義をやめ、資本主義をやっています。

　本当に肝心なことは、朝鮮戦争とソ連共産党の消滅、中国共産党の変質、この 3 点に問題がある、そうでなければやはり国連というのは矛盾と偽善と偽装に満ちた巣窟だと思いますが、中西先生いかがでしょうか。

　中西　私の恩師であった高坂先生が国連についてそのようにおっしゃっていたと言われるとそうかなと思いますけれども、いつそういう話をされたのかつまびらかにしません。特に冷戦時代には国連はあまり具体的なことはできずに、日本人にとっては逆にそれゆえに理想化された面があったと思います。だからそういうものではないということを恐らく高坂先生はおっしゃったのだと思います。冷戦が終わって高坂先生は 96 年に亡くなったので、比較的早くに亡くなられてしまったのですが、その後日本は国連に関してさまざまなことをやってきて、昔に比べれば理想主義一本やりというのは減ってきたと思います。良かれ悪しかれ実態を知ったので、国連は単に理想を体現した組織ではないということがよくわかってきたと思います。

　今質問者がおっしゃられたようなことも含めて、国連は確かに大国を中心として国益のしのぎ合いの場なのですが、日本は逆にそれをむしろ見極めた上で国連の活動に参加しなければならないということだと思います。国連はドロドロした世界で、特に日本は敗戦国なので日本をきちっと評価しないで日本を押さえつけようとしているという側面が全くないとは言いません。そういう側面が今でも何％かはあると思いますが、しかしそれを言ったとしても、では日本は国連をやめて別に何かするかと言ってもできないわけです。むしろ国連というものを内側から変えていくほかに選択肢がないので、国益の闘争の場であるということを前提とした上で、今いかに国連を日本の国益に近づけていくかということでしかないのです。その

ときに日本のもっとも可能なオプションは、国連が果たしてきた「人間の平和」や「人間の安全保障」であったり、そうした人道問題といった側面で果たしてきた役割を日本は強化するということが一番日本ができることだしやりやすいと思います。これは大国からも非難を浴びせにくいことなので、戦略的にそういう側面を重視するということは日本の国益にもかなうことだと思います。

神余 ありがとうございました。それでは儀間さんに対する質問をお願いします。

根本 第2部でお話します国連広報センターの根本です。

星野先生のお話の中で、知らない者、他者に対しての恐怖、不安、あるいは往々にして論点が政治化されがちであるという御指摘がありました。それと同時に以前は発信と言えばメディアの独占物だったと思いますが、今は一般の人たちもどんどん発信しやすくなり、それが感情に流れてしまいがちな状況があるわけです。そんな中でマスコミ、メディアが果たし得る役割としてどういったことをお考えになりますか。

儀間 それは国連に関する報道の役割ということですね。

根本 国連が取り組んでいる課題や国連が大切にしている価値という部分でお話いただければと思います。

儀間 先ほど申し上げたように、どうしても安保理の場での議論であったり、最近で言いますとイランの核問題であったりすると、国連総会であれ、日々のニュースはどうしてもそういうものに偏りがちになってしまいます。ただ、ニューヨークだけではなくて、共同通信の場合で言いますとナイロビに支局があります、また途上国で言えばアフリカのカイロにもありますし、最近の難民問題で言えばウィーンやローマでも取材をするわけです。

そこで国連がどういうふうに人道支援にかかわっているか、あるいはPKOもそうですが、PKOが現場ではどう動いているのかということはわれわれとしては日々取材し伝えているつもりですが、どうしても表面的なものにとどまってしまう可能性があります。

イラクのときもそうでしたけれども、国連が世界の中でどういう活動を

しているのか、例えばジュネーブにも支局がありますから WHO であったりすると、最近のエボラ熱の感染症対策にどういうふうに国連が取り組んでいるかというのは共同通信の場合で言うとかなりの分量の記事が出ているはずです。ただ、実際の新聞報道で言いますと紙面は限られていますので、すべての記事が出るというわけではありません。

　具体的に申し上げますと、共同通信の外信部から流れている記事はほぼ毎日 100 本程度に上ります。恐らく新聞の一面、国際面に載る記事は 10 本にも達しないだろうと思います。6-7 本で紙面が埋まってしまうのではないかと思います。そういう状況ですので、われわれ共同通信としても、なるべくそういう情報が伝わるように工夫はしていきたいと思っていますが、まだまだ工夫が足りないのではないかと思います。

　根本さんにも日々取材ではお世話になっていますが、ぜひ今後もご協力いただければと思いますのでよろしくお願いいたします。

　神余　ありがとうございました。それでは、私のほうから 3 人の先生方に具体的に聞いてみたいと思います。

　せっかくですからシリアという問題を切り口にしましょう。シリア問題は皆さんご承知のとおり安保理が機能していない、人道支援が行き渡っていないし、できない、その中から難民が大量に出てきたという問題です。

　まず、星野先生にお伺いしますが、「人間の平和」ということですが、その中で「保護する責任」にも触れられました。シリア問題にこそ「保護する責任」という原則が当てはめられてしかるべきだと思うのですが、なぜそれがうまくいかないのか。「保護する責任」というのはリビアのケースのように、だれも反対しないような場合にのみ適用できることになるわけです。本当に必要なところに届かない「保護する責任」というのは一体どういうことなのか。「人間の平和」という観点からこれをどうすればよいのか、お答えいただけますでしょうか。

　星野　まず、「保護する責任」という考え方は、すでに勉強をされてご存じの方も多いかと思いますが、ある国の中で抑圧されて苦しんでいる人たちをどうやって国際社会が保護するかということにかかわる問題です。本来は国家や政府はその国の中の人々の生命や生活保護することが当然と

考えられているわけですが、その国の政府が機能していなかったり、あるいは非常に専制的な国家で政府や指導者が国民を抑圧していたりするような状況のときにはどうしたらよいのか、そのときは国際社会が当該の国の政府になり代わって人々を保護する責任があるのではないかという議論が過去15年ぐらいにわたって議論されてきているわけです。

　確かに他国の人々の保護まで考えることは非常に意味のあることですが、他国の内政には干渉してはならないという国際社会の大前提があるものですから、結構議論になってきたのです。しかしご存知のように、リビアの場合にはカダフィー政権に抑圧されていた人々を助けるために英仏軍を初めとして介入が行われて、人々を救ったというケースがあります。

　しかし、なぜこれがシリアではできないのかと言うと、リビアのケースではリビアの人々を保護するための外部からの介入が結果的にカダフィー大佐を中心とする体制の崩壊につながってしまったということが原因なのだと思います。中国は国家主権や内政不干渉の原則を従していますし、ロシアはアサド政権の存続を求めています。そのため、シリアの人々を保護するための国際社会の介入がアサド政権の打倒や崩壊、転覆につながるようでは好ましくないという考えが「保護する責任」の実践を妨げているのだと思われます。大変残念なことです。

　もちろん、「保護する責任」論は、人々が苦しんでいるのであれば、いつどういう場合であっても国際社会が介入してもよいという議論にはなっておらず、4つの極限的な事態、つまり、ジェノサイド、人道に対する犯罪、民族浄化、戦争犯罪が発生しており、国連安保理で国際社会の介入が認められた場合に限って行動が容認されるという形になっているのです。また、こうした4つの事態がそもそも起こらないように、国際社会による厳然とした介入の可能性を強調することで、人道的な危機の予防のためにもこの議論は用いられています。シリアの場合はアサド政権とロシアが非常に近いことから、先ほど中西先生やさらに儀間さんのほうからも話があったような大国による拒否権の行使につながり、実際にそうした理由で決議案が複数回にわたり廃案になってしまっています。

　しかし、たとえ安保理が動けなかったとしてもやはり人々をどうやって

保護するかということを考えなければいけません。私が国連の人道援助機関の役割を強調したのは現場で人々の保護に全力を尽くしている様子をお伝えしたかったからです。またヨーロッパの各国はシリアからの難民をたくさん受け入れるという形で人々を保護するという動きを見せています。私たちもそういった努力に協力をしていくべきだと考えています。

　もう1つ、私は、京都から世界平和を考える上で「保護する責任」について考えるのであれば、更に、文化遺産を保護する責任というものを考えてみたいと思います。紛争のなかで貴重な文化遺産が多く破壊され、略奪されています。アフガニスタンのバーミヤン渓谷の石仏爆破や旧ユーゴ紛争下の宗教施設の破壊、イラク戦争後のバグダッドの博物館の略奪など、これまでも多くの事例がありますが、今ISILの支配地域などではシリアのパルミラ遺跡を始め数多くの文化遺産が次々と破壊されています。本日の国連デーでは国連創設70周年を記念し、世界各地の遺跡でライトアップをされたとのこと。とても素晴らしい活動だと思います。ですが、パルミラにある遺跡は本日、ブルーの光を放つことができませんでした。ですから、古都であり多くの世界文化遺産を擁する京都から世界平和に向けて新しいメッセージとして何かを発信するというのであれば、私は文化遺産を保護する責任をアピールし、文化遺産を破壊から保護する努力や破壊された文化遺産の修復を通じた和解や平和の構築を進めるイニシアチブを提案したいと思います。

　神余　文化遺産を保護する責任については、東京芸術大学の学長をしておられた平山郁夫先生が、もう20年ぐらい前に「文化遺産赤十字」という考え方を提唱しておられました。場合によっては文化遺産を保護するためのPKOの派遣とか、そういうことも考えられるわけです。今回の星野先生の提案もそういう流れに沿ったものだと思います。

　次に、中西先生にお伺いいたします。

　中西先生は安保理改革は必要だけれども既存のG4のような改革案では限界があるだろう、もう少し別のことを考えなければいけないと述べておられます。日本は来年安保理に入って2年間非常任理事国として活動することになります。他方でこれからもシリア問題は続きます。

その場合にシリアの問題について日本は安保理でどういう役割を果たすべきだとお考えでしょうか。近年安保理の「エンクローチメント」と言われるように安保理はますますほかの機関を侵食しているとの指摘もあります。エイズにしても女性の問題にしても、また気候変動にしても安保理でも扱っているというように、安保理がどんどん他の機関の活動を浸食しているではないかという問題も実はあるのです。

そういったことも含めて、日本はこれから2年間シリア問題を含めて安保理でどう行動すべきか、大局的な見地からご説明いただければと思います。

中西　あまり具体論でそれほどいいアイデアがあるわけではないのですが、やはりシリアの問題について大国、特にアメリカやロシアやヨーロッパはいろいろな利害が直接絡んでいるので、そうした利害関係がシリアの問題に対する対応を縛っているところはあると思います。ですからそういうところを解きほぐすと言いますか、日本が仲介的に対応するということはできることがあると思います。日本だけの力ではシリアの内戦に終止符を打つことは恐らく不可能でしょうけれども、そうした大国や関係国を動かしていくことに何からの後押しができればそれは大きな役割であり、その面で比較的日本は動きやすいのではないかと思います。

それと同時にやはりシリアの問題そのものについて、日本は現場といっても今のシリアは危険な状況なので直接現場に入ることは難しいかもしれませんが、いろいろなチャネルを使ってシリアが抱えている本質的な問題は何なのかということについて、よりしっかりした分析と対処方針を出すということが重要ではないかと思います。

今、アサド政権がどうなるとか、あるいはISがどうなるとか、そういった問題はある意味では現象面の問題で、そういうことの奥底にある中東社会、アラブ社会が抱えるさまざまな問題、貧困の問題もそうですしスンニ派とシーア派の対立の問題もそうですし、もちろん独裁か民主制かという問題もあります。そういった複雑に絡んだ問題について実は欧米諸国にはもちろん専門家はいるのですが、全体的にとらえて実践的な解決を出すということはあまり得意ではないのではないかという気がします。

日本はリソースそのものは十分ではないかもしれませんが、アプローチ、発想というのは比較的柔軟なものがあるので、現場の意見と研究者・学者の意見、実務家、政府の意見をうまくコーディネートすれば、シリアについてより中長期的な解決につながるような提案ができるのではないかと思います。
　問題ごとに個別に対応していくのではなくて、パッケージというかより全体的にまとめた上で安保理内で提案していく、そこに冒頭に述べたように必要に応じてUNHCRであるとかその他のさまざまな国連の関連機関の必要なものについて安保理でより強い発言権を与える、あるいはそれとコーディネーションをする形で提案していくことが必要です。日本の非常任理事国の任期は2年で終わってしまうので、その後も日本が安保理にかかわっていくということから言うと、安保理以外のさまざまな国連諸機関にいる日本人職員や日本の意見が安保理に恒常的に繁栄されるような仕組みをつくっておくということも重要ではないかと思います。

　神余　なるほど、ありがとうございました。
　アフガニスタンのときもドイツがアフガニスタンの和平についてボン会議で政治合意を達成し、他方で日本はアフガニスタン支援国会合を開催しましたが、シリアについてもいずれそういうものができるのかできないのか、これは政府にお願いすることだと思いますが、先ほど中西先生がおっしゃったようなことをヒントにしながら考えていただければと思います。
　それでは、シリア問題を切り口にして、最後に儀間さんにお伺いしますが、シリアの国民の半分が難民・避難民になってしまっているという状況で、ドイツは人道的配慮から難民を受け入れたということを、ジャーナリストとして伝えるとしたら日本にどういう伝え方をしますか。
　ドイツは立派だ、ヨーロッパは立派だ、しかしこれから問題を抱えるだろうというような伝え方をするのか、それとも日本の読者に対するメッセージとして日本も受け入れをせよという話なのか、あるいは将来日本の近辺で似たようなことが起きたら日本は扉を開くべきだというようなことを伝えるのか、どういう伝え方をしたらよろしいですか？

　儀間　最近のシリア難民の問題で記事を出す上で一番悩んだのが、トル

コからギリシャに向かおうとした難民を乗せた船が横転して、小さな男の子が亡くなってトルコの海岸に打ち上げられた写真がありました。これは日本の新聞には警察の方が抱えて足だけ見える写真が出ましたけれども、これは欧州で大きな反響といったらおかしいですが問題になりまして、その写真はまさしくその砂浜の波打ち際に男の子が横たわっている写真なのです。その写真は日本の新聞では出せません。つまり遺体そのものを出さないというのが今の日本の大方のメディアの基準になっているわけです。

　今回、どういう写真を出そうかわれわれも悩みました。遺体そのものはやはり出せないということで抱えている足が少し写っているものは出そうと、その理由の1つは欧州でこの写真1枚で大問題になっていてシリア難民に対する関心がものすごく高まったわけです。これでイギリスのキャメロン首相も少し態度を変えざるを得なかったほどです。

　その後、また大量に難民がオーストリアやハンガリーに入ってきたということで、これは基本的には事実そのものを伝えるしかないです。シェンゲン協定というのがあってEUでは一旦EUの中へ入ってしまえば基本的に国境は自由に通過できるという協定がありまして、ずっとドイツまで難民の波が続いたわけですが、難民を乗せた列車が止まったために高速道路に列をなしてウィーンを目指したわけですが、それと一緒に共同のウィーン支局長も夜通しで歩いて記事を書いてきたわけです。基本的にはそういう事実を伝えていくしかないだろうと思います。

　ただ、指摘されていることですが、今回大量に押し寄せた難民は本当に紛争を逃れてきたのか、ある意味少しお金に余裕があるからこそ数十万円、数百万円と言われていますがそれを業者に払ってトルコから船に乗ってギリシャまで行って、そこからずっとドイツを目指したという指摘もありました。そういう面も伝えなければいけない。

　今、シリアにある日本大使館は退避していますが、共同の場合は2、3カ月に1回必ず記者をダマスカスに入れています。可能であればラタキアとか北部のほうも取材するようにしています。これは治安を十分に勘案しながらですが、最近はどういう人たちがシリアから難民として出て行っているのかという記事を出しているわけです。そういう実態を伝えていくと

いうことだろうと思います。

　最後に少し申し上げたいのは、今欧州に流れ込んでいる難民とは別に、周辺国、一番多いのはトルコで、ヨルダン、レバノンというところに恐らく数百万人単位で貧しい難民が住んでいるのです。彼らのほとんどは恐らく欧州へ向かうお金もないのだと思います。欧州の難民問題が焦点になっていますが、本当はシリアの周辺国にいる人たちをもっと支援しなければいけないのではないでしょうか。国連もかなり資金集めに難航していると聞いています。日本が人道支援をするとしたらその辺ではないかと思います。やはりシリアの今の政治問題を根本から解決するのはロシアが介入してきた以上なかなか難しいのだろうと思います。

　神余　1点だけ中西先生、あるいは他のお二人にお伺いしたいのですが、最近ユネスコの世界遺産とかいろいろなことで日本の国連外交に対して厳しい目が向けられています。それと同時にどうしてそこまでするのかというほど執拗に近隣の国からのさまざまな非難がマルチの場で起きています。二国間の文脈ではなくて国連、あるいは国連関連の機関で起きているということに効果的に対処するためには日本は何をどうすべきなのか。

　つまり人材が足りない、金も足りない、訓練も足りない、政治的な指導力も足りない、そういうことなのか、いろいろなことが関連すると思うのですが、どうすれば国民が納得するような国連外交ができるのかということについて何かご意見がありましたら簡単にお聞きしたいのですが。

　中西　特に日本について批判されているものは圧倒的に戦争関係のもので歴史問題です。そのことについては結局真実はわからなかったり、歴史家に委ねなければならないことが多いので、そこで日本に対する非難を直接否定したりすることはかえってマイナスではないかと基本的には思います。例えば南京大虐殺に関するユネスコの記憶遺産の問題は、確かにああいう形で記憶遺産に指定されることは日本にとってはよろしくないことは確かなのですが、むしろそういうものを逆手に取ってといえば変ですが、正確な歴史を保存することが重要であるという形で南京事件についてのより客観的で第三国も含めたような歴史研究を行う責任を中国に求めるとか、そういう形でやったほうが、登録するべきでないとやるよりも効果的

なのではないかと思います。

　そもそも論から言えば国連の場で、70年前に国連ができる前の事柄について議論することは本来的に正しくないと思います。戦後70年の日本の実績ということもありますし、ほかの国の問題ということもありますが、そういうことは歴史の問題として別の場で議論すべきです。そして何よりも国連というのは現在の問題に対応すべきなのですが、そのことで日本は立派にやってきたし、また現在もやっているということを強調するという基本スタンスをもって臨むべきです。その場合でも外交的なやり取りはあると思います。ユネスコという具体的な場でどう対応するかということはいろいろテクニカルにはあると思いますが、基本ラインとして歴史論争は向こうが仕掛けてきますが、あちらと同じ土俵で戦うというのは日本にとってはあまりいい選択ではないので、いかに土俵を逃げていると思われずに移し替えるかということが重要ではないかと思います。

　星野　先ほど私が指摘した国家が弱くなり人々が強くなったという理論から言うと、なぜ中国、韓国が歴史問題をカードとして使わなければいけなくなったかを考える必要があります。やはり両国の政治指導者が政権基盤を維持するため、人々が政府に対して批判を高めるのを抑えようとして政治カードにしてしまうプロセスがあるのだという冷静な分析をまずするというのが必要で、あまり感情的に取り上げるべきでないというのがあると思います。

　もう1つは、歴史遺産に関する国際制度をつくる場合、特に記憶遺産に関してはいくつかの条件をつけることも必要だと思うのです。つまり憎悪を再生産するようなネガティブな記憶の遺産に関しては制限をするとか、ポジティブな未来を見据えるような共生のための記憶であれば奨励するなどというルールメイキングに日本がちゃんと関与するというのが外交のプロセスとして重要なのではないかと思っています。

　儀間　記憶遺産の登録のときに最初ドバイで会議をやって、そのとき共同通信の場合は中国語をしゃべる記者とカイロ支局からの2人で取材をしたのですが、なかなか壁は厚くて、発表したのが11月9日だったと思いますが、発表日だけは教えてくれたのですが、なかなか口が堅かったとい

う状況です。

　1つ私が今でもよく理解できていないのは、登録の原則が真正性、すなわちその資料が本当かどうか、歴史的背景まで正しいと認めて登録すべきものかどうかということです。恐らく日本の外務省の解釈は、その歴史が本当かどうかということまではユネスコは判断しない、その文書そのものが偽造でない限りは登録が認められるという解釈だと思いますが、ただ、記憶遺産という登録になってしまうとやはり政治的にはそれが意味を持ってしまうのだろうと思いますので、そこら辺をもう少し整理して、メディアとしてもちゃんと伝えていかなければいけないと思っています。

　神余　それでは、会場から質問を受けたいと思います。時間の関係もありますが最後に一言ずつ3人の先生がたに提言をしていただきます。

　質問のある方は質問を行って頂き、質問をすべて集めまして、まとめて先生がたに答えてもらいます。

　質問1　国連が何のためにあるかと言いますと、われわれの理解ではまず平和のために、あるいは紛争解決を国連に一番期待しているわけです。国連には国際司法裁判所もありますが機能していない。紛争解決が一番大事であると思うのですが、それが機能していないので、機能する国連になってもらわないと困るわけです。一番の問題はやはり紛争解決、それをはっきり機能させて火種を消さないと第三次世界大戦に発展するかもしれないのです。第三次世界大戦になれば大変なことになりますので、そういうことが絶対ないように火の小さい間に早く手を打って紛争を解決することをやっていただきたいと思います。そういう段取りがどうすればできるかお伺いしたいと思います。

　質問2　私は一般の女性なのですが、今日は、自分自身何ができるのかということ、また私自身がすべきことは何だろうという一点を心に留めながらお話を聞かせていただきました。

　冒頭、神余先生からはこれからの日本はメッセージや理念を発信していくことが大事だという話があったかと思いますし、星野先生からは多様性から生まれる価値創造という点でお話いただいたと思います。また、中西先生からは国連にとっての人材というキーワードも教えていただきまし

た。儀間さんからは外交官の方たちの行う外交の現実の一場面も教えていただきました。

今、私たちが直面しているこの地球的問題群は誰も解いたことのない課題ではないかと思うのですが、この課題を解決していく上でどういう人材の育成が必要なのか、教えていただければと思います。技術的な話ではないのですが、これからの青年という観点でぜひ教えていただければと思います。よろしくお願いいたします。

質問3 京都大学公共政策大学院1回生です。星野先生に対する質問ですが、文化遺産の保護についてご紹介いただきましたが、例えば今ISILが文化遺産を一種人質のような形でプロパガンダのように取り扱っているということでして、文化遺産を人質外交としてとらえている場合、防止するためにはどういう対応をするべきなのかについてお聞きします。共通の価値を認めない人たち、価値観というものは国連内でもそもそも共有すらされていないという問題もありますし、またそういう人たちを説得するために、例えば教育という問題もあると思うのですが、多様性と価値観の教育というのをどういうふうに共生させるかという非常に難しい問題になってしまうのですが、お考えを聞かせていただければと思います。

質問4 京都市立芸術大学の4回生です。先ほど星野先生からお話のありました教育という点、また中西先生からありました人材育成という点、どちらも教育というところが非常に重要になってくると思います。私たち学生は教育を享受するという立場であると同時に、今後の世代に教育をしていく立場でもあるかと思います。どちらの立場としても考えられると思うのですが、特に多様性や歴史的な見解の齟齬を今後の世代に教育していく、またわれわれが学習していくというところで、どのようなことを意識していったらよいのか、また現在の世界情勢を見ていく上で、どのような視点から見て正しいものを見極めていったらよいのかということをぜひ教えていただきたいと思います。

質問5 私は京都外国語大学からまいりました。先ほどのシリア問題に関して質問があるのですが、ISILの虐殺や公開処刑などの残虐な行為は犯罪だと思うのです。ISILは国とは認められていないと思うので内政不

干渉の原則は不適用だと思うのですが、なぜ国連は保護する責任を行使してISILに対して軍事介入等の措置がとれないのかということをお聞きしたいと思います。

神余 ありがとうございました。とりあえずこの5問に限らせていただきます。

それでは、それぞれお答えいただきたいと思います。国連は何のためにあるのか、紛争解決のためにあるのではないか。国際司法裁判所は機能していないけれども紛争解決が一番大事ではないのかという質問についてのお答えをどなたかお願いします。

星野 国際司法裁判所に事案を付託するにはそもそも関係国すべてが同意しないといけないというルールがあるものですから、そういう制度的な難しさがあるのかもしれません。他方で紛争解決が国連の本来の役割だというご指摘はそのとおりです。そしてまた紛争は予防が重要だということもおっしゃるとおりだと思います。

その意味で、紛争解決というとどうしても安保理を通じた武力介入による解決の動きに目が行きがちなのですが、質問された方ご自身が火種という表現をお使いになっていたように、紛争には何かの根本原因、目に見えない原因もありますので、そこにまで目配りをして、——そうした問題は社会的、経済的、文化的問題かもしれないのですが——、そういうところまで踏み込んで対応するということが必要です。国連が果たせる役割の1つはいろいろな問題に対して包括的にアプローチできるということなのではないかと思いますので、司法の観点から取り組む裁判所もありますし、最後の手段としての軍事力を使った介入も取ることも想定できるでしょう。ですが、紛争の根本原因に対処するためには、社会の側面、経済の側面、文化の側面にも目を向ける、そしてそうした側面も含めて包括的に対処する、それも国連だからこそできることだと思います。

神余 それでは次の質問です。これは中西先生にお答えいただきたいのですが、地球的な課題を解決する上での人材の育成はどうするのがよいかということです。

中西 私は国連で個人として活動するには恐らく5つぐらいの能力の要

素があると思います。1つは語学力でこれは明白だと思います。2つ目は専門的な知識、ある特定の分野について修士号や博士号を持っているということ。3つ目は現場感覚、現場をよく知っているということ。4つ目は道徳性、これは当たり前のようですが、やはり賄賂を受け取ったりしないとかいったことは重要なのです。5つ目はこれら4つを基礎にした交渉力だと思います。いろいろなネゴをしないといけないので、そのような場で実現していくという交渉力、政治的判断力というのがあると思います。

国連で活躍するにはこの5つのうちの1つはSクラスでないとだめです。スーパーだというところが1つはないとだめで、あとの2つぐらいはAクラスがほしい。残りの2つはBでもいいのではないかという感じで5つ全部Sという人はまずいないだろうと思うのですが、やはりそういうことがないとそれなりの仕事、それなりの人物として国連の中で認められて影響力を持つのは難しいだろうと思います。

日本ではそういう人材をつくるという発想をあまり持ってこなかったと思います。この5つの要素の中で語学というのは日本人にはなかなか難しいものがあります。博士号を取ることは大学がもっとやらなければいけないことです。現場をよく知る、あるいは交渉力を持つ、道徳性というのは大体日本人は大丈夫だと思いますが、そういうことも含めて学校での教育もありますし社会での実務教育も含めて、いかに国際的な場に身近に接することができるか、やはりベースを広げないとそこから旅立っていける人も増えていかないと思うので、そういう仕組みづくりが特にわれわれのような世代の人間はやっていかなければいけないことだと思っています。

神余 併せて次の質問で、多様性とか歴史的な見方をわれわれとしてはどういうふうに教育や人材育成の場で生かしていくべきなのか、認識していくべきなのかということについても簡単にお願いします。

中西 これは日本の社会科学というか人文学などをより実践的に組み合わせるということに結構意味があるのではないかと思います。よく言われるように日本人は特定の宗教信念というものを強く持っていないので、どの宗教の社会とも比較的うまく付き合えるということがあると思うのですが、そういうことをより広げていく、それは一体どういうことなのか、

そういうものを通じていろいろな宗教や異なる社会の価値観を理解していく、そこから摩擦や紛争の背景を理解していく、さらに世界の歴史についてこだわりなく実践的なものと理論的なものを組み合わせていくということのリソースは日本の中にも結構あると思うのですが、正直それが大学なら大学、大学院なら大学院の場でうまく組み合わされていないということが大きいと思います。

そういうことは文科省を初めとする政府もいろいろな形でアイデアを考えてほしいと思いますし、大学などの教育機関もより心して考えていくべきテーマではないかと思います。

神余 ありがとうございます。

次の質問もまとめてお答えいただきたいのですが、星野先生、儀間さんご意見があればどうぞ。質問は文化遺産を守るにはどういうことをしなければいけないのか、特に、ISILとの関係です。それとISILについては、国家ではないのだから内政干渉に当たらないのではないかということですが、なぜR2Pすなわち「保護する責任」が適応されないのかということについて星野先生からまずお答えいただいて、その後儀間さんもどうぞ。

星野 確かにISILは国家として国際社会で承認されているわけではないはずなので、内政干渉にはなりません。R2Pということで対処してもよいのかもしれませんが、厳密に国連の場でR2Pの枠組みで行動をするとなると安保理決議に基づいて、という手続きが必要となります。そこで一部の常任理事国の反対でその安保理決議が採択できないということになると正式な意味での「保護する責任」の行使はできないことになってしまいます。しかし、たとえ安保理決議がなかったとしても、ISILで犠牲になっている人々を守るという形の国際的な行動が仮に行われるとすると、それは「保護する責任」を自主的・実質的に実現するための行動というように定義することはできるかと思います。現在ISILに対して有志連合国が空爆をしていますが、それは安保理決議には基づいたものではありません。ロシアはシリア政府の要請という理由で空爆に加わっていますが、どさくさに紛れて反アサド政権のグループを攻撃しているようなところも見られるとか。いずれにしても、主たる目的はISILの掃討というほうにば

かり目が向いているところはたしかに気になりますので、ご質問者がおっしゃったように、「保護する責任」の行使として介入することの意義を踏まえて活動を進めていくというのは非常に重要な問題なのではないかと思います。

儀間 ISILは今シリアとイラクの両方で一部支配している状況です。イラクの側ではアメリカがイラク軍と協力して掃討活動をやっています。シリアの側ではアメリカがアサド政権と対立しているので本格的には入っていけないということだろうと思います。

ロシアはアサド政権のお墨付きを得たので自分たちは空爆しているのだという言い方をしていますが、そこの混み入った問題があって、安保理ですっきり国連として介入しましょう、安保理決議で介入しましょうということにはならないということだと思います。

神余 時間の関係もありますので、最後に京都から世界平和を願ってということですが、どういうことを国連と日本はしなければいけないのか、また、関西にいる人々はどういうことをしなければならないのかということで御意見をお一人ずつお願いいたします。

中西 すでに沢山お話してしまったのですが、京都という地は文化や歴史、環境と人の共生が強みだろうと思いますので、そういうものを生かして平和に関する国際的なワークショップなどで人を育てることにかかわるようなことをより強める、あるいは日本人にとってみると世界の人々とこうしたテーマについて一層交流、意見交換ができる機会を自治体、あるいは企業、地元の方々にバックアップしていただける、そういう形で京都の国連や世界平和の分野での役割を印象づけるようなプロジェクトを考えていただければと思います。

星野 先ほど文化遺産を保護する責任の話をしましたが、もちろんこれは平山郁夫先生も以前に提言されたことではありますが、まだまだ十分に実行に移されてはおりません。また、武力紛争下の文化財の保護に関するハーグ条約もあるわけですが、いままさにISILによる世界遺産の目に余るほどの破壊や文化財の略奪が繰り広げられるなか、国際社会の英知と制度と努力を集大成して、今京都から改めて世界にダイナミックに問題提起

をしていくということは極めて有効だと考えます。平山先生の遺志を継ぎつつ、そして未来に向かって共生の1つのシンボルという形でイニシアチブを取る、そして日本が国連のなかで規範や行動を広げていくというのは極めて有効でタイムリーな試みではないかと感じております。

神余 人も文化遺産も守るということですね。

儀間 世界一の人気観光地である京都です。世界中から観光客が来られる、その方たちを迎える伝統があるので、いろいろなものをお持ちでしょうからそれを生かして、逆に国連を中心に世界に出て行くということも同時に考えていただければよいと思います。

これは印象論ですが、私がニューヨークで知り合いになった方々は、どうも関西人が大勢おられたような気がします。関西の方は東京よりは外に出て行かれる方が多いのではないかと個人的な印象を持っています。そういう意味でぜひ世界ともっとつながっていっていただければと思います。

神余 今日はパネリストの方も会場の皆さんも長時間にわたり議論に参加していただき、120分という長時間、真剣に聞いていただきましてありがとうございました。

関西については例えば京都議定書のように都市の名前を冠した国際条約があります。防災関係では兵庫行動枠組があり兵庫県も頑張ってきたわけです。国連の会議を開催する、あるいは国際的な文書に名前を残していくということはずっと語り継がれていくわけですので、そういったことも含めて今後も関西発、京都発の国連やその他の国際機関への支援、協力、そして日本のメッセージの発信ができればよいのではないかと思っております。

第2部パネルディスカッション

若者へのメッセージ
Think Globally, Act Locally

コーディネーター： 根本かおる　国連広報センター所長
パ ネ リ ス ト： 大崎麻子　関西学院大学総合政策学部客員教授　国際NGOプラン・ジャパン理事
　　　　　　　　鬼丸昌也　認定NPO法人テラ・ルネッサンス理事　創設者
　　　　　　　　佐藤文俊　株式会社堀場製作所常務取締役管理本部長

根本　今日は若者の方々のご参加が多いと聞いておりますので、第2部は、「若者へのメッセージ —— Think Globally, Act Locally」と題しまして、100分にわたって識者の方々と話を進めていきたいと思います。

革新的な2030年までのSDGs

　若者の方々へのメッセージということでどんなテーマでお話しようかと考えましたところ、学生の方々が社会の中核を担うことになる2030年、この2030年をゴールの年としてつい先日大変重要な合意が国連で採択されました。それは持続可能な開発目標（SDGs）と言われるもので、先ほどの第1部のパネルディスカッションでもいろいろと話題になっておりました。今日皆様のお手元に広報誌を配布していますが、そこにどういった開発目標なのか詳しく書かれています。

　西暦2000年に入り8つの分野において、主に途上国での社会開発を推進するためのミレニアム開発目標というものが採択されました。その最終年が今年の2015年で、いろいろと前進はあったのですが積み残しもまだある。また、この2000年から2015年までの15年間に、これまでに認識されていなかった気候変動、地球温暖化、生物多様性の問題、ジェンダーの問題、格差の問題など新たな課題も見えてきたわけです。

2030年をゴールとしてLeave No One Behind、つまり誰も取りこぼさないというスローガンのもとに、17の目標をつくったわけです。これは貧困人口の半減ということではなくすべてなくす、貧困を終える、飢餓を終える、フィフティ・フィフティのジェンダー・パリティを達成するというような非常に革新的、トランスフォーマティブと言いますが大変革新的なものでして、途上国だけではなく先進国の問題にも目を向けるものになっています。

今日は、この持続可能な開発目標を1つの軸にして、Think Globally, Act Locallyを実践していらっしゃる皆様にお話をしていただきます。

冒頭、お話に入る前に、この17の目標について世界の著名人がこんなに大切なものなのだと訴えているビデオがありますので、それをまずご覧いただきます。

〈ビデオ上映〉 WE THE PEOPLE-グローバル・ゴールズ：「持続可能な開発目標」
https://m.youtube.com/watch?v=XXKahfHTyMA&list=PLNe0pDYSfDivTDp_8z9WgoIYJnAYpsTZD&index=46

皆さんがよくご存知の顔もたくさん登場したと思います。

国連には3つの柱の使命があります。国際の平和と安全の維持、人権の推進、開発、この3つの柱があるわけですが、この3つの柱はそれぞれ孤立してあるわけではなく、それぞれに相互補完性を持ちながら包括的に存在しています。この17の目標は先ほど星野先生のお話の中にもありました、人間のための国連、あるいは「人間の安全保障」といった視点も含まれていることを認識していただけたのではないかと思います。

今日は、元国連職員で、現在関西学院大学の客員教授を務め、テレビのコメンテーターとしてもご活躍の大崎さん、それから京都発のNGOテラ・ルネッサンス創設者で理事の鬼丸さん、そして京都のグローバル企業堀場製作所の佐藤常務、このお三方をパネリストとしてお話を伺います。

まず、お一人15分間ずつ、特にこだわってこられた分野についてプレゼンテーションをしていただき、その後パネリストの間でディスカッショ

ンをして、最後に皆様から質問を受け付けたいと思っております。

　トップバッターは大崎さんですが、大崎さんと私は何と大学院のクラスメイトなのです。コロンビア大学の国際関係論大学院で94年から96年まで2年間ご一緒しました。その後、大崎さんはUNDPに入られて、特にジェンダー分野のアドバイザーなどをしてこられたわけですが、私は先ほど来お話に出ておりましたUNHCR国連難民高等弁務官事務所に職員として入りました。そんなわけで大崎さんとこのように大変重要な会議でご一緒できることをとてもうれしく思っております。

　大崎さんからは、御自身が専門的にかかわってきたジェンダー、そしてさまざまなダイバーシティ、多様性の包括性・包摂性についてお話をいただくのですが、それに関連してのビデオをまずご覧いただきます。

根本　かおる（ねもと・かおる）
国連広報センター所長
東京大学法学部卒。テレビ朝日を経て、米国コロンビア大学大学院より国際関係論修士号を取得。1996年から2011年末までUNHCR（国連難民高等弁務官事務所）にて、アジア、アフリカなどで難民支援活動に従事。ジュネーブ本部では政策立案、民間部門からの活動資金調達のコーディネートを担当。WFP（国連世界食糧計画）広報官、国連UNHCR協会事務局長も歴任。フリー・ジャーナリストを経て2013年8月より現職。著書に『日本と出会った難民たち——生き抜くチカラ、支えるチカラ』（英治出版）他。

〈ビデオ上映〉 　**不平等と闘い、女性と女子に力を与え、誰も置き去りにしない**
https://www.youtube.com/watch?v=8unYkbMig1I&index=112&list=PLNe0pDYSfDiuQNIznz79p7iXQONRgADAr

　それでは大崎さん、15分間のプレゼンテーション、よろしくお願いします。

多様性と国連――ジェンダーの視点から？

大崎麻子 関西学院大学総合政策学部客員教授、国際NGOプラン・ジャパン理事

　私はジェンダーのことを中心にこれまで仕事をしてまいりました。今、ダイバーシティ、多様性という言葉が非常に重要視されております。今日の第1部でも何度も出てきました。その多様性について、特にジェンダーの視点からお話したいと思います。

国際社会の目標
ジェンダー平等＆女性のエンパワーメント

ジェンダー平等

男性と女性が等しく権利、機会、責任を持ち、意思決定にも対等に参画する。

女性のエンパワーメント

◆　人生や日常生活におけるあらゆる選択肢を自分の意思で選び取って生きていくための力をつけること。

◆　男性と対等に意思決定に参加するために必要な力を身につけること。

　まずは、今の国際社会の共通の目標としてジェンダー平等と女性のエンパワーメント、これは国連の目標ですので国連加盟国193カ国すべてがこの目標を共通のゴールとして持っています。

　先ほどから話が出ていますが、国連の理念の基本的な価値というのは国連憲章、そして世界人権宣言に書かれていることです。それをどうやってこの現実社会で実現させるのかというのが国連に課された大きなミッションの1つです。理想と現実をどう埋めていくのか。国際社会の中ではいろいろなやり方があるのですが、1つは共通の枠組みをしっかりとつくって、協力しながらゴールに向かって進んでいくというやり方です。

　国連憲章と世界人権宣言には男女の平等ということがはっきりと書かれておりますが、問題はそれをどう実現するかということです。

ジェンダー平等とエンパワーメント

ジェンダー平等、これは日本語では男女共同参画と訳されています。男性と女性が等しく機会、権利、責任を持ち、意思決定に対等に参画する、そういう仕組み、社会をつくることを目指しております。

しかしながら、女性はなかなか教育機会を得られてこなかった、いろいろな機会が制限されてきたという歴史がありますから、急に男性と一緒に責任を持て、男性と対等に意思決定をせよと言っても非常に難しいのです。そこで、両輪で女性のエンパワーメントを同時に進めています。

エンパワーメントというのは、パワーという言葉が入っていますが腕力を強くするということではなく、端的に言いますと女性一人ひとりが、人生や日常生活における自己決定権を持つということです。そのために必要な環境づくりや支援をするのが女性のエンパワーメントです。この２つが今、国際社会共通のゴールになっておりますので、どこに行ってもこれが通じます。

では、実際にエンパワーメントには何が必要か。今、根本さんから国連の活動の３つの柱の１つとして開発が挙げられました。私が働いていたのはUNDPという開発機関です。開発の究極的な目的は何かということですが、経済開発や社会開発という潮流を経て、今の主流はUNDPが掲げる人間開発だと思います。一人ひとりの人間が持って生まれた可能性を開

(写真:2015年11月付京都新聞掲載)

大崎 麻子（おおさき・あさこ）
関西学院大学総合政策学部客員教授、国際NGOプラン・ジャパン理事
上智大学を卒業後、米国コロンビア大学で国際関係修士号を取得。国連開発計画（UNDP）NY本部開発政策局にて、ジェンダー平等と女性のエンパワーメントの推進を担当。世界各地で教育、雇用・起業支援、政治参加の促進、紛争・災害復興などの分野で、数多くの女性支援プロジェクトを手がけた。現在は、フリーの国際協力・ジェンダー専門家として、政府関係機関、国際機関、NGO、教育機関等で幅広く活動中。東日本大震災後は、国際協力の経験を活かし、被災地の女性・女の子支援にも従事してきた。サンデーモーニング（TBS系）のコメンテーターとしても活躍中。著書に『女の子のための幸福論──もっと輝く、明日からの生き方』（講談社）。

花させて、人生の選択肢を広げること。そしてそういう環境をつくるのが開発の目的であるという考え方です。

エンパワーメントに必要な4つの要素

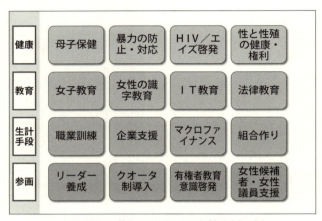

人間開発の枠組みにおける女性支援の例

　人間開発の枠組みでは、女性のエンパワーメント、すなわち女性が自己決定をしながら生きていくためには何が必要だと考えられているでしょうか。基本的に4つあります。まずは健康、そして教育、さらには生計手段つまり経済力、そして最後に参画です。家庭内の意思決定にも地域の意思決定にも広く国全般の意思決定にもしっかりと参画していこうということです。一人ひとりの女性が4つの力を身につけられるように、開発の現場ではあらゆる取り組みが行われております。私もこういった領域ほとんどすべてにかかわってまいりました。

　この4つを包括的に見ていくことが重要なのです。教育だけ支援してもその先の経済力が身につかなければいろいろな場面で自立できない。例えば家庭内で暴力を受けていても離婚できるかというとそれができない、なぜなら経済的に依存しているからです。すべて包括的に支援を進めているというのが今の枠組みです。

私自身は、大学を卒業してそのまま大学院に進みました。在学中に子どもを出産して、UNDPに入ったときは子どもが2歳半でした。開発の仕事をしながら子育ても同時進行でやっていたのが20代、30代です。その子は今は20歳です。娘は国連在職中に出産しました。

　国連では、母乳育児を続けられるようにということで、2歳までは出張に同伴するための手当が出ます。私の娘は1歳になるまでに5-6カ国、タイ、カンボジアなどに一緒に行きました。農村地帯の女性の話を聞くような場では、相手にとってはいきなりよくわからない人が国連から来るわけですが、その人が赤ちゃんを連れて登場すると急に心のハードルが下がるのか、いろいろなことを教えてくださる。それをニューヨークに持ち帰って次の事業に反映させていくということもしていました。

　これまで関わった取り組みとしては、例えばベトナムでは山岳民族の女性たちがマッシュルーム栽培の仕方を学び、実践するプロジェクトに関わりました。その結果、彼女たちはお金が稼げるようになりました。このプロジェクトは、そもそもは女子教育の推進です。母親が経済力をつけて教育を受けることの意味を理解すると、自分の娘にもしっかりと教育を受けさせたいと応援してくれるようになりますので、そういうことを目指して、母親のための識字教育、技術教育を行いました。

　政策レベルでは、例えば北京で開かれたAPECの女性と経済フォーラムに出席し、東日本大震災の復興過程における、女性の経済的エンパワーメント支援の事例を発表しました。グローバル経済の中でどういうふうに女性の活躍を支援し、同時に女性の人権も担保していくのかということは非常に重要な政策課題になっています。このフォーラムでは、極めて活発に国際的な知見の共有が行われています。

日本におけるジェンダー問題

　このように世界中でいろいろなプロジェクトで女性、女の子支援をしたのですが、2004年末に日本に帰国してみますと、日本でもたくさんの問題があるなと感じました。

> **日本に帰国してみると……**
>
> ・貧困
> 　（高齢単身女性、若年女性、シングルマザー、子ども）
> ・ＤＶ
> ・性的搾取・性暴力
> ・不十分な性教育・望まない妊娠
> ・手薄い「母親」支援
> ・ケア労働の不当な評価と女性による過度な負担
> ・ジェンダー視点の無い防災
> ・男もつらいよ

　UNDP で女性支援をしていたときは、日本政府の拠出金を使ってさまざまなプロジェクトを行いました。1997 年に UNDP に入局しましたが、当時日本は世界最大のドナー、お金を沢山拠出している国でした。日本政府は、女性のために使ってくださいという基金を UNDP 内に設置してくれましたので、日本はすごく進んでいると思っていました。ところが日本に帰ってみると貧困の問題がありました。「日本は 1 億総中流なので貧困はない」と言われていましたが、ジェンダーの視点から見ますと、多くの単身の高齢女性とシングルマザーは貧困に直面していました。ただそれが社会的に可視化されていなかったのです。しかし、この 10 年の間に貧困は、若年女性と非正規雇用の若年の男性にも広がっています。また、現在 6 人に 1 人の子どもが相対的貧困にあると言われています。このように貧困の問題が日本でも非常に加速しているということがあります。

　それから家庭内暴力、DV の問題も日本は深刻です。性的搾取や性暴力についても、法整備や対応が他の先進国から見ると遅れをとっています。私が途上国支援の中でかかわっていた問題が実は日本にもある、ただそれがあまり可視化されてこなかったということに気づきました。それでガーンとショックを受けるわけです。

　一番下に「男もつらいよ」と書いてあるのですが、ジェンダーというと女性問題と思われがちなのですが、そうではありません。男性らしさとい

うものをベースにした男性の役割とか責任ということで言えば、日本の男性に対するジェンダー規範はとても厳しいと思います。「男は黙って黒ラベル」ではありませんが、弱音を吐いてはいけないとか、一家の大黒柱として経済的な責任を負うとか、そういったことが自殺率における女性と男性の差にもはっきりと現れています。そういう意味で男性のジェンダー問題に注目するのも大事だと思っております。

日本に帰国してからも、国際協力の現場でジェンダーとか女性支援に携わっていたのですが、2011年3月11日に東日本大震災が起こってからは、日本国内のことにも深く取り組むようになりました。

自然災害とジェンダー

自然災害に対する緊急支援や、緊急支援が終わった後の復興開発支援に関しては、膨大な経験、知見、教訓が国際機関や人道援助機関等に集積されています。その中でクローズアップされるのは、災害時は社会の多様性の問題が非常にはっきりと見えてくるということです。

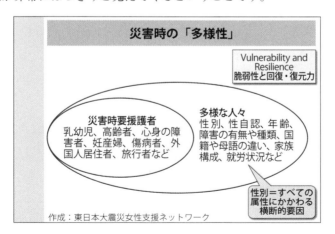

スライドに災害時要援護者と書いてありますが、災害になりますと、災害時要援護者という人たちは優先的に救援されます。日本では、目に見えて難しい、特別な困難を抱えていたりする人々を要援護者と位置づけてい

ます。
　ところが、災害に関する国際基準では、特別な脆弱性、特別なニーズに配慮しなければいけないと位置づけられているのはより多様な属性です。性別も男か女かだけではなくて、セクシャルマイノリティの方々もおられますのでそういった方々、それから年齢も非常に重要です。シニアの女性と若年の女性、思春期の女子ではニーズや脆弱性が違います。このような形で人々の多様性は非常に広範にわたっています。
　こうした人々は特別な脆弱性も抱えていますが、同時にその人たちが持つ回復力は地域復興にも役立つことがわかっています。そういったことをしっかり分析した上で支援をするというのが国際的にはスタンダードになっています。
　特に性別は多様性の最も根源的な要素です。どの属性にも男女がいて、異なるニーズを抱えています。例えば、障害をお持ちの方にも男性と女性がいて、比較すると障害をお持ちの女性の方が脆弱な立場にあることがわかっています。したがって、性別、ジェンダーは特に重要視されています。

震災復興支援
○　国際災害支援のノウハウ
○　開発支援のノウハウ
1．**女性の保護・エンパワーメント**
　　妊産婦
　　シングルマザー
　　外国人女性、若年女性
　　性暴力・DV被害者
2．**女性の方針決定への参画**
　　専門家・実務家を結集→政策提言
　　事例集・マニュアル作り、研修

　東日本大震災の直後にオックスファム（OXFAM）から電話がかかってきました。オックスファムというのは国際的なNGOで、現場での支援と政策提言の両方で大きな力を持つ団体です。今回の持続可能な開発目標の策定においても、市民社会を代表するNGOとして、非常に大きな影響力

を発揮していました。オックスファムの日本事務所というのは通常は寄付を集めたり、日本政府のODAに対する政策提言をしたりしているのですけれども、東日本大震災が起きたときに、日本からは今までずっと助けてもらったということで世界中からたくさん寄付が集まりました。オックスファムは災害復興支援の知見もありますので、支援が足りていないのはどの部分かを急いで分析したそうです。その結果、あらゆる支援においてジェンダーや女性のエンパワーメントという視点が欠落しているということがわかりました。寄付をそのために使うことになり、私に一緒にやらないかと電話がかかってきたのです。

　オックスファムによる支援では、国際的な災害支援、復興支援、開発支援のノウハウを活用しました。特に重要視したのは女性のエンパワーメントです。例えば被災したシングルマザーの就労支援ですと、ハローワークに連れて行って終わりということが起こりがちです。就労という一点だけにフォーカスするのではなく、生活全体を見ていくことが必要になります。また、私たちはオックスファムですと言って被災地で直接的に支援するのではなくて、地域にある団体、地元の組織が持続的に活動できるような支援をしました。例えば民間の一人親支援団体などの組織をしっかりと育てて、その人たちが地域に根ざした形で持続して機能し、活動できるようにしました。

　女性のエンパワーメントの部分では、やはり妊産婦やシングルマザーが困っていたり、災害の後はどこでも性暴力、DV被害が起きるということがわかっていますので、そうした人たちを支援できる人たちの養成などを行いました。

　もう1つ重要なのは、防災や災害対応の意思決定の場に女性たちがいないという問題です。防災計画をつくるとか備蓄品リストをつくる場に多様な視点が無かったことが、人々の避難所生活にいろいろな影響を及ぼしました。避難所の運営者はほぼ自治会長や町内会長さんですので、そもそも女性が非常に少なかったということもわかっています。そういった経験、知見を調査・分析して、復興や防災の政策等に提言するというようなこともやりました。

世界は多様性に満ちあふれている

　最後に多様性の話に戻ります。災害後の支援を通じて見えてきたのは、日本も非常に多様だということです。地域社会は多様性に富んでいます。多様性というと五感でわかるところの違いは理解しやすいのですが、真の多様性というのは非常にわかりにくいものです。例えば、性別役割分担や清潔さの定義などです。目にみえる違いではなく、水面下にあるわかりにくい違いにいかに気づくか、そこで自分が対応していけるかということが非常に重要になってきます。

　私の結論としては、世界は多様性に満ちあふれているのですが、普遍性もあるということです。人々の生活の日々の営み、人生の流れというのはどこに行っても人間ですので、基本的に変わりません。しかし、生まれた場所によって、例えば「食べる」ことについてもハードルが異なります。「安全な水を飲む」ということでも私たちのように水道の栓をひねればよいのか、それとも3時間かけて谷底まで汲みにいくのかではまったく違います。人間としては同じだし、尊厳を持って自由に生きられるようにしようという普遍的な目的、目指すべきところは一緒だけれども、やはり多様性がある。その多様性と普遍性にあふれているのが地球なのだと思います。

持続可能な開発目標（SDGs）

ゴール5：ジェンダー平等を達成し、すべての女性
　　　　 及び女の子のエンパワーメントを行う
1. あらゆる形態の差別の撤廃
2. 公共・私的空間における暴力の撤廃
3. 児童婚、強制婚、女性器切除などの有害な慣行の撤廃
4. 無償ケア労働の再分配
5. 意思決定における女性の完全かつ意味のある参画及び平等なリーダーシップの機会
6. 性と生殖に関する健康及び権利への普遍的アクセスの確保

最後に持続可能な開発目標（SDGs）です。ゴール5がジェンダー平等と女性、そして女子のエンパワーメントです。MDGsとの一番の違いはこれを日本も実現しなければいけないということです。日本にもジェンダー不平等、ジェンダー格差はあります。ゴール5に掲げられたターゲットは、日本国内でもそれぞれに大きな課題です。日本にとって、MDGs＝途上国支援でしたが、SDGsにおいては日本も当事者として、このゴールを達成しなければいけない。というところに今日本はあるということで私のプレゼンテーションを終わらせていただきます。

　根本　いつも感じるのですが、大崎さんは発想がとてもしなやかですね。ミクロとマクロ、世界と日本のこと、普遍性と多様性といったところを自由自在に行きつ戻りつしながら非常に有機的に物ごとをつなげてお話してくださるのでとても印象に残りました。
　エンパワーメントを包括的に考えなければいけないということや、やはりコミュニティ全体を支援しなければいけない、それから東日本大震災を受けての震災復興の場で国際協力と開発で得られた知見というのがそのままあてはめて活用することができるわけですね。ありがとうございます。
　2番目のお話は鬼丸さんです。
　テラ・ルネッサンスを情熱からつくって、今は理事をしていらっしゃるのですが、鬼丸さんのテラ・ルネッサンスの主な支援活動は元児童兵士の社会統合です。特に今回の持続可能な開発目標のゴール16の平和、包摂性に関係することになりますが、それに関するビデオをまずご覧いただきます。

〈ビデオ上映〉 **持続可能な開発のための実効的かつ信頼できる包含的な制度を構築する**
https://www.youtube.com/watch?v=VTgYnP3Avac&index=4&list=PLNe0pDYSfDiuQNIznz79p7iXQONRgADA

すべての人に未来をつくりだす能力がある？

鬼丸昌也　認定NPO法人テラ・ルネッサンス理事・創設者

　先ほどご紹介いただきました認定NPO法人テラ・ルネッサンスで理事をしております鬼丸と申します。学生時代にこのNGOを立ち上げたのですが、今日は若い方が多く来られているということですので、そういう話も含めて、自分は体験談しかできませんのでご容赦いただきながらお話を聞いていただきたいと思っております。

　テラ・ルネッサンスの概要を先に紹介させていただきますと、2001年10月に、立命館大学4回生に在籍中にこのNGOを1人でつくりました。現在は5つの国、ウガンダ、コンゴ民主共和国、ブルンジ、カンボジア、ラオスと併せて日本で活動しているNGOになります。

　予算規模は1億円ちょっとですので、まだまだ小さなNGOです。

　対象としている課題が地雷と子ども兵と通常兵器の中で小型武器の不法取引の問題にも取り組んでまいりました。

スリランカでの出会い

　まず私がこういう活動を始めたのはさまざまなきっかけがあるのですが、大きかったのが高校3年生のときに初めて海外旅行に行ったのがスリランカという国だったのです。私が生まれたのは福岡県の1000人ぐらいの小さい村ですので、外国に行くだけでも興奮するわけですが、スリランカに行ったときに出会ったのが左側に写っているアハンガマジーチュダアリヤラトネ、スリランカにあるサルボダヤ・シュラマダーナ運動という仏教の考え方にもとづいた農村開発運動の創始者の方です。

サルボダヤ運動創始者
A. T. アリヤラトネ博士（左）

そのツアーの最終日に彼にこう言われたのです。「君が何かをしたい、何かを変えたい、そう思うときに特別な知識や特別な財産や特別な体験はすべて不要だ。ただ、次のことだけは覚えておきなさい。それはどんな人にでもその人とその人の住んでいる地域とその人の所属する組織の未来をつくる力がある。そして大事なことはその力が何であるか自分の中で探さなくてもよいし、人と比べることもない。ただ、すべての人の中にその力があると信じなさい。そうしたら目の前で今までやってきたことがだめになったように思えたとしても、もしくは自分が信じていたと思っている人に裏切られたとしてもまた人は変化をすることができる。自分と人が変化をする、その変化する能力さえ信じることができれば君は何でも変えることができるよ」と言われたのが18歳のときでした。

（写真：2015年11月付京都新聞掲載）

鬼丸　昌也（おにまる・まさや）
認定NPO法人テラ・ルネッサンス理事・創設者
1979年福岡県生まれ。立命館大学法学部卒。高校在学中にアリヤラトネ博士（サルボダヤ運動創始者／スリランカ）と出逢い、『すべての人に未来をつくりだす能力がある』と教えられる。2001年初めてカンボジアを訪れ、地雷被害の現状を知り、「すべての活動はまず『伝える』ことから」と講演活動を始める。同年10月大学在学中に「すべての生命が安心して生活できる社会の実現」をめざす「テラ・ルネッサンス」設立。2002年（社）日本青年会議所人間力大賞受賞。地雷、子ども兵や平和問題を伝える講演活動は、学校、企業、行政などで年100回以上。遠い国の話を身近に感じさせ、一人ひとりに未来をつくる能力があると訴えかける講演に共感が広がっている。

　そのままその言葉を覚えていて、大学に進学して大学4年生のときにかかわっていた神戸にありますNGOの団体の人たちとカンボジアに行きました。地雷除去現場や地雷原、地雷で苦しんでいる人たちの話を聞きながら自分に何ができるのだろうと考えるわけです。そのとき気づいたのは自分にはできないことだらけなのだと。

伝えることはできる

　私は5人兄弟の長男で学費も新聞配達をしながら大学に通っていましたのでお金がありません。私はとても残念で、先ほど中西先生の話を聞いていて大変ショックを受けたのですが、私はいまだに英語がしゃべれません。英語は多分Fランク並みです。

　とにかくできないことだらけなのです。でも、目の前の現状を見ながら考え続けると最後に1つだけ見つかるものがあるのです。それは自分にしかできないことがある。ひるがえると自分だからできることがある。ではそれは何かと言うと、今日もそうなのですが伝えることだったらできると思いました。相手が日本人だったら英語でなくてよいのです。しかも自分で見たり聞いたり調べてきたことですからこれは正しいはずです。

　それでカンボジアに2週間いて、帰国して友だち10人集めて報告会をしたところから2001年に90回全国各地でお話をする中でご支援をいただくようになり、テラ・ルネッサンスを設立した、それが2001年でした。

　そのカンボジアにかかわっていることが子ども兵問題にかかわったきっかけにもなります。さまざまな地雷の被害者の方からお話を聞いていると、カンボジアの内戦中に子ども兵だった人にたくさん出会います。さまざまな障害やトラウマを抱えていらっしゃる。でも皆さんもお気づきのようにすでにカンボジアはある意味平和で、その子ども兵だった人は肉体的に大人になっているわけです。でもその子ども時代に受けたさまざまなトラウマや障害にいまだに苦しめられている。すなわちこれは僕なりの解釈ですが、子ども兵という問題は時空を超えるのだと。そしてその子ども兵の体験を持っている人たちに苦しみや悲

イベントでの活動紹介の様子
http://www.terra-r.jp

しみを与え続けるのだと知ったのが2003年ぐらいでした。

ウガンダの少年兵

　では、地雷の問題と同じように子ども兵の問題に対して自分たちに何ができるのだろうか。そのためにはきちんと事実を知らなければいけないということでさまざまな情報を集めて2004年にウガンダ北部に行きました。

　ウガンダはこの赤色の国で、日本から18時間ぐらいで行けます。

　ウガンダ北部はわれわれが行った2004年当時は政府軍と反政府ゲリラの戦闘中でした。その反政府勢力神の抵抗軍が23年間の戦闘中にたくさんの子どもたちを誘拐して兵士にしていました。その数はどんなに少なく見積もっても約2万です。われわれはその状況を調べに行きました。

　象徴的だったのは彼で、彼は12歳のときに神の抵抗軍に誘拐されました。誘拐された後に銃の扱い方とかさまざまな訓練を受けるのです。彼だけではなくて神の抵抗軍のほかの国の子ども兵でも確認されているのですが、たいてい自分の生まれ育った村を襲いに行かされるのです。これはとても理由は簡単で脱走を防ぐためです。自分の村や地域で残虐な行為をすれば彼は自分の家に戻ろうと思わなくなります。

　彼も訓練を受けた後に自分の生まれ育った村を襲いに行かされます。そこには彼の家があって、その家の中には彼の母親がいて、大人の兵士は当時12歳の彼にこう命令するわけです。その女を殺せと。でも嫌だと言うんです。自分の母親ですから。そうしたら彼は銃の反対側でボコボコに殴られて今度はこう言われるわけです。お前がその女をどんなに大切にしているかよくわかったと。だったらその女の腕を切りなさい。そうしなければお前もその女も殺すと言われました。仕方ないです。皆さんもそうされると思います。だって自分の大切な命と大

ウガンダ調査の様子

84

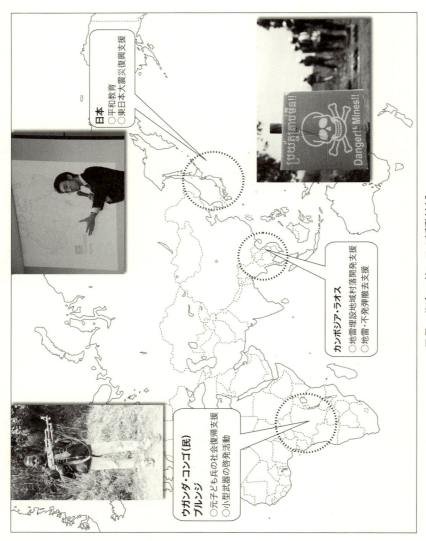

テラ・ルネッサンスの活動地域

日本
○平和教育
○東日本大震災復興支援

カンボジア・ラオス
○地雷埋設地域村落開発支援
○地雷・不発弾撤去支援

ウガンダ・コンゴ(民)ブルンジ
○元子ども兵の社会復帰支援
○小型武器の啓発活動

好きでたまらない母親の命は自らの手で守らなければいけません。だから彼はその通り実行していきます。

　僕らが出会って2週間前に彼は母親と病院で再会することができました。脱走して担ぎ込まれた病院で出会うことができたんですが、そのときのことを僕らにこう言うのです。僕はお母さんが自分のことをどう思っているかすごく心配だったんだ。でもお母さんはこう言ってくれたんだ。「あんた大変だったね」って。「あんたつらかったね」って。そして僕のやってきたことやさせられてきたことを最後まで全部聞いてくれた。すごくうれしかった。でもその後に彼はもう一言僕らにこう付け加えるんです。「でも、僕にはわかる」って。「もうお母さんが前のように僕を愛してくれることはないんだ」って。「受け入れてくれることはないんだ。だって僕はあんなことをしてしまったから」って。

　そんな元子ども兵士に僕らは2004年ウガンダ北部でたくさん出会いました。だから私たちに何ができるんだろうということでささやかですけれども、ウガンダではその年から数えて10年間、元子ども兵士の社会復帰のお手伝いをさせていただきました。今その知見や体験を使ってコンゴ民主共和国、ブルンジでも同様のプロジェクトをやっています。

　今日は時間が限られています。詳しいことは今日はご厚意で書籍を販売しておりますので、よかったらまたお求めいただければと思いますが、簡単にお話すると、1人あたり3年かけます。最初の1年半は食費や医療費を提供しながら職業訓練や識字教育や心理的なケアもして、最終的には10％の利子でマイクロクレジットでお金を貸し付けて起業してもらう。そうやって自分で働いてもらう、収入を得てもらう。そういう包括的な支援のプログラムをつくりました。

心のケアと自尊心

　心のケアだけではだめなのです。金を稼がせるだけでもだめなのです。なぜならば、先ほどもお話にあったように、相手は人なのです。人は多様な側面を持っています。多様な課題を抱えています。一人ひとり持ってい

る課題も性格も違う。とするならば、その人が真に社会に生きて行くためにはさまざまなアプローチが必要だとわれわれは考えました。

　この結果、今どうなっているかと言うと、支援を受ける前、10年間で170名の元子ども兵士の社会復帰にかかわった中で、支援を受ける前は収入が月収128円だったのが、今大体月収が7000円、これはウガンダで言うと公務員と同じ平均月給ぐらい稼げるようになりました。併せて周囲との関係性も改善しています。

　さらに言うと、一番僕が評価したい指標である自尊心が、生計を立てることであったり周囲との関係性が改善することによって高まっていく。僕は幸せに生きるためには自尊心が高いこと、自尊心を回復することがものすごく大事だと思っています。なぜかと言うととても簡単で、自分には生きる価値があるのだと、自分の力で取り戻すことがこの元子ども兵士だけではなくて人間にとっては必要なことなのだと僕は思うのです。そのための手段としての生計を回復することや職業訓練だったりするのだと思うのです。

　そのことを私たちに元子ども兵士が教えてくれたのが実は震災でした。私どもは今岩手県の大槌町で大槌復興刺し子プロジェクトという高齢の女性の方を対象に、このような製品を製作していただいて現金収入をお渡ししています。4年間で180名のおばあちゃんたちに約2600万円を何とか賃金としてお支払いし続けることができました。中には震災で亡くした妹さんのやっていた焼鳥屋を再建した70歳のおばあちゃんとかさまざまな事例を私たちにこの女性の方々が見せてくれました。

　最初のきっかけが実はウガンダの元子ども兵だったのです。震災の日にウガンダから電話がかかってきて、こういう内容だったのです。ウガンダでも震災の様子はCNNやBBCで見た、あんな優しい日本の人たちがって。テラ・ルネッサンスの支援者の8割は個人と中小企業の経営者です。私たちは民間の資金でできるだけ活動しようと決めて民間の方との協働に力を入れています。だから彼らや彼女たちはそのことを知っています。

　じゃあ、あの人たちのために、あの日本の人たちのために今何ができるのだろうとみんなで話し合ったのだと。やはり募金をしようと。お金を稼げるようになった元子ども兵士やわれわれのウガンダ人の職員少しずつお

金を出し合って、半日後どれぐらい集めたかというと、日本円で5万円なのです。ウガンダの公務員の平均月給は7000円です。どれぐらいの価値か皆さんおわかりいただけると思います。

電話口で言うのです。それで毛布買ってあげてと。寒いでしょう、つらいでしょうと。最後にこう言われたのです。じゃああんたたちは何をするのかと。同じ日本に住んでいるあなたは一体何をするのか、そう言われたので私たちは東北の皆さんと少しずつかかわっていこう、そんなふうに思わせていただきました。

開発の目的は人間開発

何を申し上げたいかと言えば、これはSDGsでもそうだと思うのですが、私どもの支援者で元世界銀行の副総裁だった西水美恵子さんには、大槌の支援もしていただいているのですが、私たちの活動をまとめてくれたときの記事に掲げた題字がまさにそうで、支援の受益者こそが主人公なのだと。つまり自己決定権を誰が持っているかというのは結局支援の受け手である、つまり自分の人生を生きて問題に立ち向かおうとしている人たちなのです。決して私たちが、例えばSDGsでもそうだと思うのですが、開発の利益を得る人たちの人生を決められるわけではない。その地域に住んでいてその問題に立ち向かっていく人たち自身が主人公なのだと、その人たちの力をどう引き出すためにわれわれにできるとこをするのか、それがまさに開発です。

つまり先ほどおっしゃっていただいたように、開発の目的は何かと言うと人間開発そのものなのだと思います。だから先進国も途上国も問わずに、このSDGsを達成するために、企業、市民、宗教団体、行政、大学に何ができるか本気で知恵を絞らなければ、私たちはこの国際社会でより豊かな、そしてより幸せな社会をつくっていくことはできないのだとあらためて今日のシンポジウムに参加させていただいて僕自身もそのように思いました。

根本 鬼丸さんも大崎さんと一緒で世界のことと日本のこととがつながって見えるのですね。エンパワーメント、一人ひとりが持っている力というものに目を向けて、その背中を押してあげる、そういう支援がとても印象的です。

このSDGs、キーワードとしてマルチステークホルダーという言葉があります。それは加盟国政府、あるいは国際機関だけでやるのではなくて、一人ひとりの個人、企業、団体、市民社会、研究者、みんなが一緒に取り組んで初めてSDGsが達成されるのだということです。

企業もその最たるもので、企業の持っているテクノロジー、企業の持っているリソースをこのSDGsの達成のために提供していただいて初めて実現が可能になるわけです。2030年までにこれを達成するのに日本円でおよそ300兆円必要だと言われているのですが、続きましての堀場製作所の佐藤常務からは、パートナーシップとテクノロジーを中心にお話いただきます。

まず、簡単なビデオがございますのでご覧いただきたいと思います。

〈ビデオ上映〉 地球規模のパートナーシップに新たな息吹をもたらす
https://www.youtube.com/watch?v=t2059RHasiU

企業の挑戦──堀場製作所の試み

佐藤文俊　株式会社堀場製作所常務取締役

皆様へのメッセージということで、私どもがどんなことをしているか、われわれは測る技術で世界に貢献しているのだというところをご説明させていただきたいと思っております。

今日は、会社の概要と堀場の特徴、グローバルな活動、グローバルコンパクトという4点に分けて簡単にご説明していきたいと思います。

まず、私どもの会社ですが、京都市の南区、西大路の八条から少し西へ行ったところに本社があります。分析機器、計測機器の開発、製造販売

会社概要	
●本社所在地	京都市
●事業内容	分析・計測機器の開発・製造・販売
●創業	1945年
●設立	1953年
●決算日	12月31日
●資本金	120億円（2014年12月末）
●代表者	堀場 厚（代表取締役会長兼社長）
●上場	東証（第1部 コード：6856）

メーカーです。

　会社の創業がちょうど1945年、国連と一緒です。現在代表者は堀場厚で、私どもは東京証券取引所に上場している会社です。

　上場会社でありますので、売上げとか利益を持続的に伸ばしていく、その結果として配当を増やしていくということが必要になってくるわけで、企業の場合はステークホルダーとして製品を買っていただくお客様、そして株主、銀行等の債権者などの要求を満たしながら活動をしていかなければならないということです。

社是のJoy & Funで社会に貢献

　先ほど大崎さんや鬼丸さんの話にありましたように、われわれ自身がそうした社会的な課題に直接、それを目標として働きかけているのではなく、あくまで企業活動をしていく中で、そうした社会的な課題にどうかかわっていくかということであるということはご理解いただきたいと思います。

　私どもは分析、計測機器の総合メーカーですが、測る技術を中心にグローバルにビジネスを展開する、それを通じていろいろ社会的な課題にかかわっていきたいと思っています。

　われわれはあらゆる分野を測っておりまして、1mの10億分の1、細胞レベルでいろいろなものを測るというニーズから地球サイズ、もちろん温暖化ガスや紫外線や宇宙線、宇宙でも測っていくという非常にスケールの

大きいところの測定まで、別の面では、人間がつくったものを検証するというところから自然のものを測っていく、あらゆる測定、分析についてわれわれは取り組んでおり、ソリューションを提供していきたいと考えております。

具体的には、例えば人間の血液を測るということをしております。私どものフランスのグループ会社でつくった製品は、世界中に売っていますが、主に病院や診療所などの血液検査において赤血球、白血球、血小板、あるいは血糖値、CRP（C反応性たんぱく）などを測定するということで、この機械は途上国で風土病等の検査にも役立っています。

環境の保全ということで言いますと、私どもは煙突のガス、火力発電所やごみ焼却場の排気ガスに含まれています窒素酸化物、硫黄酸化物、一酸化炭素、二酸化炭素、酸素という成分を1台で同時に測るような測定器をつくっておりまして、これが電力会社の煙突についています。

自動車の排気ガスの測定装置については私どもが世界のシェアの7-8割を握っています。最近、フォルクスワーゲンの問題がかなり脚光を浴びましたが、車の上に積んでいる車載型の排ガスの測定装置、ウェストバージニア大学のチームがフォルクスワーゲンの不正を発見した装置はたまたま私どもからお買い求めいただいた装置（1つ前のモデル）でありましたけれども、そんな面でも世の中の課題の発見に寄与しています。

私どもには5つの事業セグメントがあります。2014年の売上高

"はかる"技術──効率的なエンジン開発に貢献
自動車メーカーを中心とした企業のエンジン開発、各国検査機関での認証試験などに用いられる。

は1530億ですが、自動車、環境、医療、半導体、科学という分野にバランスよくビジネスを伸ばしていきたいと考えております。

私どものビジネスモデルは、ニッチな分野、極めて限られた分野に高いシェアを獲得して、そこで利益を獲得しようということでありまして、世界シェアが高いものはエンジンの排ガス測定装置のみならず、マスフローコントローラー、これは半導体の製造装置の前処理工程で使われます部品ですけれども、これも世界シェアの52％を持っています。同様にかなりニッチな分野に経営資源を投入して収益を上げています。

われわれは、社是として「おもしろおかしく（Joy & Fun）」を掲げて

（写真：2015年11月付京都新聞掲載）

佐藤　文俊（さとう・ふみとし）
株式会社 堀場製作所　常務取締役　管理本部長
東京大学法学部卒。日本銀行に入行後、英国Hull大学留学、香港駐在員事務所勤務などを経て、青森支店長、業務局参事、福岡支店長を歴任。2004年株式会社堀場製作所に入社。2005年常務取締役となり、現在は、人事、総務、広告宣伝、法務を担当する管理本部長のほか、経理、広報、IR（投資家向け広報）を管掌。東京支店長も兼務している。

世界中でつながっております。これはわれわれ自身の活動的な時期に多くの時間を費やす仕事にプライドとチャレンジマインドを持って取り組んでほしい、おもしろおかしくエキサイティングに取り組んでほしいという、今年亡くなりました創業者の堀場雅夫の意志ですが、それによって人生の満足度を高め、より面白おかしく過ごしてほしい、一方、社員はこういう気持ちで、先ほどの社会的な課題に取り組んでいるということです。

世界を舞台に展開

われわれは地球の役に立ちたい、あるいは誰も思いつかないことをやってみたい、世界を舞台に仕事をしてみたいと思って活動しています。

世界の拠点ですが、日本、アジアのほかヨーロッパ、あるいはアメリ

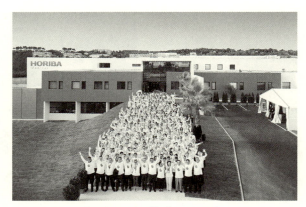

ホリバABX社（フランス）

カ、ブラジルも含めて現在研究開発と生産の拠点を持っています。

　堀場製作所の歴史をひもときますと、1953年に会社ができてから1970年代までは日本から進出していったということで、ほかの日本企業と同様の形態であったわけですが、大きく変わったのが1996年以降でして、フランスの会社（光学分析装置の会社と医療機器の会社）を買収しました。また2005年にはドイツの自動車計測機器の事業を買収し、さらに今年は自動車車両開発等の会社、イギリスのマイラ社を買収したということで、実は海外の会社を買収する、日本の資本が海外の企業を、技術、人材ごと買収するという形で大きくなってきました。95年には分析と自動車の2つのセグメントしかなかったのですが、半導体、医用といったような事業分野も2014年までには増えております。

　また、ダイバーシティということにも関連するわけですが、7月末現在グループ全体で約6500名の従業員ですが、日本で仕事をしているのは38％です。そのほかヨーロッパに全体の36％、そしてアメリカ、南アメリカも含めて13％となっています。フランス人やドイツ人、とくに高学歴の人が多いということで、ややこしい問題もいろいろありますが、グローバルなミーティングというのはすべて英語の会議、通訳なしで15年前からやってきております。外国人の役員も日本人の社長と同じ視点で堀場を語ってもらい、いろいろな国の人が参加しています。

ホリバ ABX はフランスの会社ですが、前の写真は以前、検査試薬の工場を増設したときのもので、フランスの人がこのように T シャツを着てみんなで喜んでいるという集合写真はめずらしいのですが、このように Joy & Fun という社是でやっております。

国連グローバル・コンパクトにも参加

　最後に、グローバル・コンパクトのお話をさせていただきたいと思います。事業活動をする上において、われわれ自身もよき社会の一員として活動したい、そして持続可能な成長を実現するための世界の枠組みづくりに貢献したいと考えています。そこでグローバル・コンパクト、後ほど申し上げますような 10 項目に賛同するということで 2011 年に私どもの社長がこれに署名させていただきました。

　グローバル・コンパクトは 1999 年ダボス会議でアナン国連事務総長（当時）が提唱され、2000 年からニューヨークの国連本部でスタートしたと聞いております。国連の中にこうしたグローバル・コンパクトを支える組織を持っています。人権、労働関係、環境関係、腐敗防止等の 10 の原則がうたわれており、私どももグローバルにこうした 10 の原則を踏み外さないように守るようにして活動していこう、そうすればわれわれも地球規

GC の 10 原則		
• 人権	原則 1：	人権擁護の支持と尊重
	原則 2：	人権侵害への非加担
• 労働	原則 3：	組合結成と団体交渉権の実効化
	原則 4：	強制労働の排除
	原則 5：	児童労働の実効的な排除
	原則 6：	雇用と職業の差別撤廃
• 環境	原則 7：	環境問題の予防的アプローチ
	原則 8：	環境に対する責任のイニシアティブ
	原則 9：	環境にやさしい技術の開発と普及
• 腐敗防止	原則 10：	強要・賄賂等の腐敗防止の取組み

模の課題に貢献できるのではないかと考えているわけです。

　もちろん人権の問題、あるいは労働の問題の中には強制労働の排除、あるいは児童労働の排除、雇用と職業の差別撤廃、この中にはジェンダー差別をなくすといった問題も入ろうかと思います。そのほかにも環境問題のほかに腐敗防止ということで、外国人公務員に対する贈収賄や価格カルテルといった腐敗防止にも取り組もうと考えています。

　これに署名したらどうなるか。日本では約200の会社がすでに署名したと聞いていますが、最高経営責任者、社長が継続的にこれをやりますということを表明したうえで、それぞれの方針と目標、そして実践の状況を毎年報告します。われわれもアニュアルレポート（堀場レポート）の中にこれを書かせていただいています。結果として先ほども述べましたが、より高いレベルで経営が実現できるのではないか。またCSR、企業の社会的責任に取り組む姿勢をステークホルダーの皆さんに広くアピールできるのではないか、さらに社内でCSRを推進するにも客観的にわかりやすく物が言えると思っておりますし、取り組みを世界のメンバーに幅広く発信できるのではないかということで、この活動を続けさせていただいております。

　われわれ企業という立場で直接的に社会的な課題に取り組むということはおのずと限度がありますが、そういう中でもこうした国連の提唱される方向性に協力できるところは協力していこうと思っております。

京都発の視点で世界へ

　先ほどいろいろな議論が出たのですが、企業の立場から言いますと、すでに私ども二十数カ国に進出しており、37のグループ会社があります。すでに国境を飛び越してしまってわれわれの会社、堀場グループという中でいろいろな課題に取り組んでいるということで、アメリカだから、日本だからということは考えていない。ただ、われわれ京都発の会社ですので、京都の文化は非常に大事にしていますし、われわれのグループのメンバーにも京都の文化ややり方は非常に尊重してもらっていると思っています。京都はそういう意味ではグローバルに展開していく上で非常によい立

地、よい本拠地だろうと思います。また、京都の文化がグローバルなメンバーの尊敬を勝ち得る1つの源になっているということをご紹介して私のプレゼンテーションを終わらせていただきます。

根本 世界で国連グローバル・コンパクトに加盟している企業はおよそ1万2000社で、日本からは200余りの会社が入ってくださっており、カントリーチャプターで優秀なところを表彰する制度がありまして、グローバル・コンパクト・ネットワーク・ジャパンはよく受賞しておられます。それだけ横の連携が非常に密で分科会などでいろいろと専門性を高める活動もされていることが認められて世界的に表彰されているわけです。国連はもっとも多様性に富んだ職場の1つだと思うのですが、堀場製作所もずいぶんとダイバーシティ経営が進んでいるのですね。

佐藤 はい。先ほど申し上げましたように日本人が38％しかいないということで、海外のメンバー、これは日本の本社にも来ておりますので、われわれは日本語でコミュニケーションするというよりはとにかく英語でどこの国の人とも話をすることを前提にダイバーシティが進んでいます。

もっとも、課題がいろいろありまして、よく最近とり上げられます女性管理職比率でも、グループ全体で言いますと11％あるのですが、京都の堀場製作所本体は4％しかない。フランスやドイツでは女性管理職は非常に多いのですが日本ではなかなか難しい。

国内で言うと女性社員比率がグループ全体で25％ぐらいですので、管理職をもっと出せるとは思いますが、日本では理系の女性、工学部とか理学部、あるいは工業高校、高専といったとろの女性の比率が非常に低いという問題があります。ですから女性の管理職比率を今後高めましょうといった場合に、実はそういったところで奪い合いになっていまして、日本の女性の理科教育と言いますか、理科教育課程の中における女性の人数の偏りがむしろ企業のほうにつけとして回ってきていて非常に苦戦しています。

今年も採用面接をしましたが、女性を3割採りたかったのですが技術屋さんは数が採れなかったというのが実感でした。

根本 大崎さんは教育現場で教える立場におられ、理系女子（リケ女）

の問題でもいろいろと発言しておられますが、今の佐藤常務のご発言に対してどうお感じになりますか？

大崎　今のお話を伺って2つ思ったのですけれども、1つは働き続けられる環境を作る事が重要だということです。管理職になるには、経験を積み、トレーニングを受け、人的ネットワークを作っていくことが必要です。つまり働き続けなければなりません。SDGs5のターゲットに、「無償ケア労働の再分配」がとても重要な項目として入っています。日本もそうですが、家事や育児、介護、看護といういわゆる「ケア」、つまり人のお世話に関する労働は女性の役割・責任であるという固定観念があります。女性の場合、ケア労働をやった上でさらにキャリアという構造になっています。ですから、ケア労働の負担を家庭内の男女間、もしくは社会で公共政策として再分配していかないと、女性が働き続け、管理職になるのは難しいというのが1点目です。

2点目はリケ女のことです。政策としてリケ女を増やそうと取り組んだ国は結果が出ていてすごく増えているのです。中学に入るあたりでは、理数系の成績は男の子と女の子の差はさほどありません。ところが大学の進路の選択でなぜあんなにはっきり分かれるのか。ここにもやはりジェンダーの問題があると考えられます。例えば、親や進路の先生の指導の中で、女の子が理系に行く事を敬遠するようなバイアスがあると、それが女の子の進路選択にも影響を及ぼします。女性の科学者のロールモデルを身近に感じてもらう機会をつくるなど、そういったことをやると少しずつ効果は出てくるようです。日本でも今文科省が取り組んでおられるし、各大学が中学、高校の女子生徒に理系に来てくださいということを言っているので、結果は多分もう少ししたら出てくるのではないかと思います。

根本　包括的な戦略が必要になってきますね。

持続可能な開発目標は目標が17もあるということだけではなくて、大変幅広い分野を包括的に把握する目標になるわけですが、これは携わる側も包括的な視点を持っていろいろなことを結び付け合いながら考える思考力といったものも必要になってくると思います。

鬼丸さんはそうした包括的なものの見方をどういうふうにご自身の中で

養ってきて、そしてテラ・ルネッサンスの方々に包括的に結び付け合いながら見る訓練というものをしておられますか？

鬼丸 僕自身思っているのが、特にNPOとかNGOにとって大事なことは、ないことがだと思うのです。ないことが資源なのです。お金がない、本当にないです。アベノミクス、円安の影響でとても今大変なことになっておりまして、なかなか寄付が大変だったりするのですが、でもお金がないから、市民の方や企業の皆さんから寄付をいただいたり、会費をいただくということでその課題に一緒に取り組んでいただくこともできます。

私は本当にまったく英語がしゃべれないのですが、そうすると周りに英語が使えるような職員やパートナーの方が出てきたり、ないということをきちんと表明することも僕はとても大事なことだと思います。

要は、これだけ複雑な社会において、1つの考え方や1つの宗教や1つの大学や1つのNPOですべてが解決できるということがもはや幻想なのだと思います。その幻想を捨てることからこの社会を具体的に変えていくことができると思うので、そのときに一番大事なのは、まずは自分の弱さや自分のなさをしっかり認めた上でパートナーシップを組んでいくこと。それが僕はすごく大事なのではないかということで、うちの職員にもそのように申していますし、寄付者や支援者の皆さんにもそういうお話をした上でご理解をいただいています。

つまり、寄付者や私たちにとっての会員というのは、あくまでも社会変革のパートナーなのです。単にお金をいただくのではなく一緒に社会を変えていく、ただ役割が違うだけだということです。その役割をしっかりそれぞれが果たしていく先に、共通のゴールを達成することができると、そういう呼びかけを常にさせていただいているところです。

根本 会場の皆さんからご質問を受ける前に、お一方ずつお聞きしたいのですが、17ある持続可能な開発目標の中で、自分にかかわることとしてもっとも気になる、あるいは大切にしたいと思っておられるゴールについて教えていただきたいと思います。では大崎さんからお願いします。

大崎 もう皆さんおわかりですね。単純な答えですけれどもやはり私にとってはゴール5のジェンダー平等と女性のエンパワーメントです。人権

の観点から、ジェンダー平等と女性のエンパワーメントは重要だと思っています。最近、国際的には、女性が教育を受けて経済力を持つとそれが家庭内、地域全体、国、そして次世代に波及するということがわかってきたので、女性に投資しようという機運があります。

　世界銀行も最近では「ジェンダー平等は正しい経済ではなくて、賢い経済だ」ということを言っています。どういうことかと言いますと、初等教育をちゃんと受けたお母さんの子どもの乳幼児死亡率は下がるのです。教育を受けたお母さん、そしてちゃんと経済力を持っているとお母さんは子どもに予防接種を受けさせたければ、自分でバス代にお金を払って自分の判断で予防接種を受けに行くことができます。結果、次世代の子どもたちの健康が向上します。このように、持続的な社会、持続的な経済を維持していく上では女性のエンパワーメントは実は非常に戦略的なやり方であるということが言えます。

　もう1つは女の子の問題です。今まで「ジェンダー平等と女性のエンパワーメント」と言われていたのですが、ここ数年間は事務総長のスピーチも含めて必ず女性と「女の子」、girlsと付け加えているのです。それは女性と女の子、特に思春期の女の子たちの置かれた状況やニーズが実はまったく違うということが世界的に認識されるようになったからです。

　特に中等教育が非常に重要です。初等教育の男女格差はMDGsのおかげでかなり縮小しているのですが、中等教育は相当開きがあります。マララさんのように「女性にも中等教育を」というと、周りから批判されたりしますし、例えばトイレの問題があります。男女別のトイレがあるかないか、思春期になりますと生理が始まりますので、そのときに学校に安全で清潔な女の子用のトイレがあるかどうかというのが就学率を左右します。そういう意味では、ゴール6の水と衛生も重要です。衛生とは主にトイレのことです。日本は、LIXILなどの企業が技術支援でトイレの設置ということをやっておられるので、そういうことも日本が貢献できる部分です。さらにゴール7のエネルギーも重要だと思います。水くみ、薪集めは女性の仕事だとされている地域では、お母さんが忙しすぎると女の子が手伝います。1日に3-4時間かけて水をくみに行く、薪を取りに行くということ

が女の子の教育機会を奪っているのです。そういったことを包括的に見ていく、そういうことに私は取り組んでいきたいと思っています。

佐藤 私どもについては、目標8。包括的持続可能な経済成長、生産的な完全雇用及びディセント・ワークを推進するということです。要するに会社を伸ばしていく、大きくしていく、私どもの測る技術を世界のお客様に喜んでいただいて、その結果として会社を大きくしていく、そして従業員を守っていく、これは非常に大きな、私どもだけではなくすべての事業会社にとってすごく大きなテーマだと思っています。

そのほかに目標5のジェンダー平等にも貢献する、あるいは目標6の水管理についても私どもはそういう技術を持っておりますので、そうしたことも貢献できるかと思います。また、目標9のイノベーションの推進といったところも、われわれはぜひ誰もやっていないような新しい技術に取り組んでいきたいと思いますので、そんなことにも貢献できるのではないかと思っております。

根本 SDGs、進捗をしっかり図っていくことが求められますので、そういった意味で御社の技術がいろいろと役立てられることと思います。

では、鬼丸さんお願いします。

鬼丸 もちろん目標16、平和に関するものなのですが、その前提として目標12（持続可能な消費と生産）がわれわれにとってすごく大きなチャレンジだと思っています。特に子ども兵士のことで活動しているウガンダ北部、コンゴ東部、ブルンジ、いわゆるアフリカの大湖地方はほんどが資源紛争の地なのです。特にコンゴ東部はまさにそうで、レアメタルや貴金属、石油などさまざまな資源をどのように扱い、どのように流通させ、どのようにわれわれが消費するのか、その一つ一つが実は日本から1万2000km離れたアフリカの紛争にかかわっているのです。だから現場でしっかり一人ひとりに寄り添う支援と同時に、大きな話かもしれませんがそのような問題が起こらないような経済の枠組みをわれわれ先進国のNPOや企業やさまざまなアクターがともに考え、整備をしていくことも本質的な平和をつくるためにはとても重要だと考えます。

根本 ありがとうございます。

では、会場からご質問を受けたいと思います。どうぞ挙手をお願いいたします。

　質問1　手短に3点申します。先ほど4本の国連のビデオを見せていただいたのですが、これを国民の多くの方が見るためにテレビコマーシャルで1日に何回か流すというのはいかがでしょうか。

　2点目です。大崎先生から多様性の対応トレーニングをされると伺いましたが、それを幼稚園、小学校、中学校で授業で取り入れるというのは今もされているかもしれませんが、そのようなことはいかがでしょうか。

　3点目ですが、鬼丸様がおっしゃった、ないことが資源という考え方、自分の弱さを認めるということは、今の日本の若者にとってとても力強い言葉になると思いましたので、これを1分間のテレビコマーシャルとかそういう方法もあるのかもしれませんが、何らかの方法で若い方にお伝えするとすごく励ましになると思いますがいかがでしょうか。

　質問2　京都外国語大学の学生です。大崎様と佐藤様にお聞きしたいのですが、SDGsとCSRを進める上でのバランスについてお聞きします。大崎様はジェンダーに関して女性への性暴力からの救出などを進めておられると思います。女の子への性的暴力というのは先住民の地域や一部の村の中で習慣として文化としてあって、そういうことからも救助活動を行っていると思うのですけれども、マララさんが女性にも教育をと言った後にバッシングを受けたり攻撃を受けたりして、先住民の中での女性への暴力という文化から救った後のケアの部分をお聞きしたいと思います。

　佐藤様には、CSRを進める上で、人間が最低限文化的に生きていくために水や電気へのアクセスというのは絶対必要だと思うのですが、そういうインフラ整備を進めていく中で、そういうことを進めると必ず都市化していくと思います。都市化していくと失われていく文化や地域のコミュニケーションもあると思うので、そういうものへのアフターケアのことについてお聞きしたいと思います。

　根本　お一人目の方に対して、テレビコマーシャル化はお金がかかりますので、だれかがスポンサーをしてくれないとなかなかこれは実現不可能なのですが、今日ご覧いただいたものはすべて国連広報センターの

ウェブサイト、ユーチューブチャンネル（https: www.youtube.com/user/UnicTokyo）にアップしていますのでご覧いただけます。ぜひ皆さん、今日こんなビデオを見た、こういうことを知った、こういういいことをパネリストが言っていたということをSNSで発信してください。皆さん一人ひとりがメディアです。

　それから大崎さんへの提案がありました、保守的な文化がある中で救出した後にバッシングを受けないような、あるいは標的にされないようにするための知恵をお話いただけますか。

　大崎　多様性トレーニングを小さいときからというのは本当に素晴らしいご提案だと思います。私もボランティアで娘の小学校に行ったりしてそういうことをやっております。それがさらに広がっていけばよいと思いますし、今、日本も文科省を筆頭に、とにかくグローバル教育を進めようという機運があり、いろいろな制度改革を含めて進めています。その中で、真のグローバルとは何なのかということを含めて、多様性のトレーニングを、小学校、中学校ぐらいからできたらよいと思います。特に中学校はすごく重要だと思います。男女間の関係性についての価値観や自分のアイデンティティといったものが形成される非常に重要な時期なので、そういったところで活用していくというのはとても重要だとご提案を聞いて思いました。

　女性に対する暴力行為はやってもよいという規範が残っている地域でどういうふうに暴力の問題に取り組むかということですが、これだけで90分話せるテーマですので、何をお話しすればよいか迷いますが、例えば女性に対する暴力をなくしていこうというプロジェクトを村で行う場合は、外部の国連職員などがいきなり行ったりはしません。その土地の女性たちが暴力が非常につらいと声を上げるところから始まります。その側面支援をします。まずは、その村の村長さんや宗教指導者の方々、主に男性ですが、に説明に行きます。暴力がなくなることによって村人の健康状態がよくなる、そうすると妊娠、出産で亡くなってしまうケースも少なくなるというような、その地域にとってどういいのかということを具体的に説明して賛同してくれるリーダーがいるところでプロジェクトを実施するので

す。それがすごく重要です。実際にその地域がよい感じになってくるとほかからもやりたいという声も出てきたりします。そういうやり方がアプローチとして1つあります。もう1つは、男の子に対する教育、女性と男性が性的な関係においても尊重し合うパートナーであるということを中学生ぐらいから教えます。地域のピア・エデュケーションというやり方が効果的です。少し年上のお兄さんやお姉さんをトレーニングして、その人たちが村に行って思春期にさしかかった男の子や女の子に対して性に関する知識や、女の子の尊厳というのを大切にする、それが男女間の関係性のベースにあるということを教えていくということをやっています。そういうふうにしないと文化は変わっていかないので、トップと草の根から、また次世代を見据えて取り組んでいくことが大事だと思います。

　持続可能な開発目標で今回重要なのは、先ほど根本所長が最初におっしゃいましたが、トランスフォーム、今までのやり方ではだめなのだ、今までの考え方ではだめなのだ、変革していかなければいけないという理念です。特にジェンダーに関してはその要素が非常に強いのではないかと思います。

　根本　佐藤常務に対しては都市化されると失われてしまう価値観、あるいはリソースをどう手当してインフラ整備などを考えたらいいのかというご質問がありましたがいかがですか。

　佐藤　なかなかこれは難しい問題です。ただ、言えるのは国連本部はニューヨークにありますが、インフラを整備し、開発して発展すれば、どこの国も全部ニューヨークを目指すかというようなことは誰も思っていないのではないかと思います。日本の都市でも開発すればみんな東京にするかと、昔はあちこちに「何とか銀座」をつくり東京が一番いいモデルだと思っていましたが、今は日本人だってそう思っていない。先ほど、文化財の話も出ましたが、どこでもやはり文化の多様性を尊重しつつ、残しながら、より高い次元の生活を生み出していくということではないかと思います。

　私はたまたま9月にスペインのグラナダという町のアルハンブラ宮殿を見てきましたが、あれはイスラムの文化です。あれをキリスト教のスペインが残しましたが、そういうものを尊重しながら新しい文化、新しい町が

できて、それが今大きな観光資源になっているというのには非常に感動しました。また、イスラム文化の素晴らしさにも大いに感銘を受けました。そういうことはできると思います。

　根本　鬼丸さんの自分の弱さを認める、この言葉は本当に大きな共感を皆さんの中に呼び起こしているのではないかと思うのですが、その確信に至った背景とはどんなところだったのでしょうか。

　鬼丸　結局それは私たちの支援を受けてくださった方や講演を聞いてくださった小中高大、たくさんの方々の変化を目の当たりにしたからだと思います。時間がないので端的に申し上げるならば、問題がないから幸せではないのだと思うのです。元子ども兵士たちや地雷の被害者たちや、例えば被災地の方々はさまざまな問題を抱えてらっしゃいますが、問題を抱えているから不幸せとは決して思えない。その人たちもしっかり家庭があったりさまざまな課題に取り組みながら自分の人生をしっかり生きていこうという人なのです。われわれがきっかけだったかもしれませんが、その人たちが変化する様を見たときに弱いからだめだということでは決してないのだと思いました。弱さも強さも両方抱えたまま、ありのままで自分が自分らしく生きていくような社会や制度や規範をつくっていくこと自体が本質的に社会を変えていくことにつながるのだということを現場で確信したような気がします。

　根本　ありがとうございます。皆さんのご理解を得てあともう１問だけ、バーニング・クエスチョンがあればお受けしますがいかがでしょうか。

　質問３　関西学院大学からまいりました学生です。SDGs に関してこの議題にあるパートナーシップに関して質問をさせていただきたいと思います。MDGs が終わり SDGs に変わってゴールが 17 に増えてターゲットが 169 になり、本当に国連や NGO、NPO だけではなく民間企業やさまざまな組織が一緒になってやらなければならないということが MDGs 以上に今回必要だと思うのですが、その際にどうやったら民間企業を巻き込めるかというのが課題になってくると思います。国連サイドをよくご存知の根本さんと大崎さんそして佐藤常務に国連サイドと民間サイドからお話をお聞きしたいのですが、国連サイドの場合は企業をこういうプランに巻き

込む際に今後より求められる力や調達する際に必要な力は何なのかということと、企業側からすると、日本ではこういうものに参加する企業はまだ少ないですが、企業が開発に参加する上で今障壁になっているところと、もっと身軽にこういうものに参加するにはどういうことが必要なのかということを2つのサイドから教えていただきたいと思います。

質問4 龍谷大学の学生です。私が聞きたいのは若者に関してなのです。今大学1回生ですが、これからのジェンダーに関するさまざまな目標について国連はできることから始めたらよいと思うのですがそれが何かを教えていただけらいいと思います。

根本 最後にパネリストの皆様から一言ずついただきますので、今のご質問に関してはその中で述べていただきたいと思います。

今の男性からのご質問ですが、国連はグローバル・コンパクトをとても大切にしていまして、グローバル・コンパクトの方々を巻き込みながらSDGsというものをつくっているのです。今後の議論の場には必ず民間企業の代表の方々に入っていただいて一緒に考えるような場づくりをしていくことになります。

佐藤常務、大崎さんのほうからもコメントをいただければと思うのですが。

佐藤 グローバル・コンパクトもそうですし、やはりそれぞれの会社が事業を通じてどうやって世界の課題につながっていくかということだろうと思うのです。それなしにはただ単に寄付をするとか、ただ単にボランティアで何かをするということでは、これは太く強くなっていかないと思いますので、そういうビジネスモデルを見つけていくということが、今後例えばアフリカの開発ですとか、あるいは紛争地域の紛争後の発展には必要になってくるだろうと私は思っています。

大崎 今おっしゃったとおりだと思います。10年20年の先まで見据えている企業は、これを本業の中でどうやっていくか、どう事業戦略や経営計画に位置づけていくかということをお考えになると思うのです。グローバル化がさらに進展していくことと、超少子高齢化ですから日本国内のマーケットは縮小していくというのはわかり切ったことなので、これからアジア、中

東、さらにはアフリカまで、世界規模で市場を見ていかなければいけません。ビジョンを持たれている企業は、ジェンダーの問題に注目していくのだろうと思います。アジア、中東、アフリカに進出すれば、女性は潜在的な消費者ですし、地域によっては女性起業家や女性経営者が多い。国によっては女性政治家も多いので、規制づくりなどにも女性たちが関わっています。先見の明のある企業は私のところに来られてジェンダーの問題でこういうことを展開してくのだけれども、自分たちはどういうふうにやっていったらいいかということを聞かれます。これからのグローバル経済をちゃんと生き抜いていこうという企業は、そういった視点を持ちながら、本業でしっかり展開していくような形になっていくのではないかと思います。

根本 それでは、最後に一言ずついただきたいと思います。

京都からグローバルな課題に対してローカルなアクションを踏み出す秘訣、若い方々に対して、まずは鬼丸さんからお願いいたします。

鬼丸 先ほどの女性の方のご質問の答えにも多分なると思うのですが、とても大事なことがあって、まずは自分で考えるということだと思います。自分で感じて自分で考えて、自分でとにかく行動してみないといけない。考えてみるということは大事だと思っています。それはなぜかと言うと、自分で感じて自分で考えて自分で行動しないと、うまくいかなかったことを人のせいにしてしまうからです。

そのために何が京都だからできるのかと言うと、京都はとてもありがたくて、受け入れられるまで3年ぐらいかかりましたが、京都のよさはたくさんの学生やたくさんの先輩たちがこうやっているということだと思います。ですからいろいろな人に会っていただきたいと思います。いろいろな人に相談してほしいと思います。この京都には知恵がたくさんあります。その知恵の中に多分今日SDGsで出てきたような目標を達成するためのヒントも実はあるような気がします。ぜひいろいろなところに行っていろいろな人の話を聞くということを大学時代からでも始められると、きっといいヒントがみつかるのではないかと思いました。

根本 では佐藤常務お願いします。

佐藤 私からは、ぜひ皆さん一歩前に踏み出してほしいと思っています。

先ほど、完成形でなくても不完全でもよいからどんどん出て行こうという話がありましたが、世界は広いので、ぜひ出て行ってください。

私は、最近日本の若い人があまり海外旅行していないので非常に心配しています。大勢歩いているのは中国の人、韓国の人、そういう人に負けてしまっているのではないかと思います。言葉はしゃべれなくてもよいと思うので、どうぞどんどん一歩外に、前に行っていただければと思います。

ジェンダーの話がありましたが、私も娘と息子がおりまして、理系女子の娘はこの間出産しましたが、会社に入ってしまうとすごく優遇されるという世の中になっています。そのためには、じいさんとして育児を手伝おうと、これが私のこれからの課題になると思います。

根本 では、最後に大崎さんお願いします。

大崎 国連で働いたり、地球規模課題に従事している周りの人たちを見ていますと、2つのタイプに分かれると思います。1つは、国連で働きたいとか、若いときにエチオピアの飢餓のことをテレビで見たのでこういう問題に取り組みたいということを目標として持っている山登り型。私はここに到達するのだという目標を持って、そのためにはどういう順路が必要なのかと考えていくタイプです。その逆が川下り型です。私は川下り型です。大学1年生のときはまさかジェンダーとか女性の問題とか国連で仕事をするとは想像もしませんでした。ただ、その時々にキャッチした関心ごとについて、講演会に行ったり勉強したりするうちに、色々な人に出会って、機会を与えていただくということがありました。私は子どもを持ったことで世界観が変わり、地球規模の課題や世界平和に関心を持つようになりました。そういう人は川下り型だと思います。川下り型の私からは、山登り型の方にはあまりアドバイスはできないのですが、自分は山登り型なのか川下り型なのかというのを考えるのもスタートラインとしてよいのではないかと思います。

根本 私も大崎さんと一緒で川下り型で、ただ、いろいろなものをつなげて見るという視野があったので今に至っているのではないかという感じがします。

これは潘基文（パン・ギムン）事務総長がよく言っていることですが、

"There is no global solution without local action, and local action starts from here and from you." なのです。

　世界の課題も皆さんの一歩があって初めて解決につながるわけです。それを強く受け止めていただきまして、一体自分に何ができるのか、皆さんにそれぞれ考えていただければと思います。

　長時間にわたりお付き合いいただきまして本当にありがとうございます。素晴らしいお話を聞かせてくださいましたパネリストの皆さんに大きな拍手をお送りください。

[資料]

国連憲章
前文

われら連合国の人民は、われらの一生のうちに二度まで言語に絶する悲哀を人類に与えた戦争の惨害から将来の世代を救い、基本的人権と人間の尊厳及び価値と男女及び大小各国の同権とに関する信念をあらためて確認し、正義と条約その他の国際法の源泉から生ずる義務の尊重とを維持することができる条件を確立し、一層大きな自由の中で社会的進歩と生活水準の向上とを促進すること、並びに、このために、寛容を実行し、且つ、善良な隣人として互いに平和に生活し、国際の平和及び安全を維持するためにわれらの力を合わせ、共同の利益の場合を除く外は武力を用いないことを原則の受諾と方法の設定によって確保し、すべての人民の経済的及び社会的発達を促進するために国際機構を用いることを決意して、これらの目的を達成するために、われらの努力を結集することに決定した。

よって、われらの各自の政府は、サン・フランシスコ市に会合し、全権委任状を示してそれが良好妥当であると認められた代表者を通じて、この国際連合憲章に同意したので、ここに国際連合という国際機構を設ける。

持続可能な開発目標（SDGs）

目標1. あらゆる場所のあらゆる形態の貧困を終わらせる
目標2. 飢餓を終わらせ、食料安全保障及び栄養改善を実現し、持続可能な農業を促進する
目標3. あらゆる年齢のすべての人々の健康的な生活を確保し、福祉を促進する
目標4. すべての人に包摂的かつ公正な質の高い教育を確保し、生涯学習の機会を促進する
目標5. ジェンダー平等を達成し、すべての女性及び女児の能力強化を行う
目標6. すべての人々の水と衛生の利用可能性と持続可能な管理を確保する
目標7. すべての人々の、安価かつ信頼できる持続可能な近代的エネルギーへのアクセスを確保する
目標8. 包摂的かつ持続可能な経済成長及びすべての人々の完全かつ生産的な雇用と働きがいのある人間らしい雇用（ディーセント・ワーク）を促進する
目標9. 強靱（レジリエント）なインフラ構築、包摂的かつ持続可能な産業化の促進及びイノベーションの推進を図る
目標10. 各国内及び各国間の不平等を是正する
目標11. 包摂的で安全かつ強靱（レジリエント）で持続可能な都市及び人間居住を実現する
目標12. 持続可能な生産消費形態を確保する
目標13. 気候変動及びその影響を軽減するための緊急対策を講じる[*]
目標14. 持続可能な開発のために海洋・海洋資源を保全し、持続可能な形で利用する
目標15. 陸域生態系の保護、回復、持続可能な利用の推進、持続可能な森林の経営、砂漠化への対処、ならびに土地の劣化の阻止・回復及び生物多様性の損失を阻止する
目標16. 持続可能な開発のための平和で包摂的な社会を促進し、すべての人々に司法へのアクセスを提供し、あらゆるレベルにおいて効果的で説明責任のある包摂的な制度を構築する
目標17. 持続可能な開発のための実施手段を強化し、グローバル・パートナーシップを活性化する

*国連気候変動枠組条約（UNFCCC）が、気候変動への世界的対応について交渉を行う基本的な国際的、政府間対話の場であると認識している。

※公益財団法人 地球環境戦略研究機関（IGES）作成による仮訳をベースに編集

保護する責任 responsibility to protect とはなにか

人権がはなはだしく、しかも組織的かつ広範に侵害されている国に対して国際社会は介入すべきであろうか。この問題は1998年にコフィー・アナン事務総長によって提起され、幅広い討論が行われた。中央アフリカ、バルカン諸国、その他で集団殺害、人道に対する罪、戦争犯罪が発生したことを受けて、事務総長は、国際法の枠組みの中で、大量かつ組織的な人権侵害から一般市民を守るための正統かつ普遍的な原則に国際社会は合意すべきである、と主張した。それ以来、問題はもはやすべきか否かの問題ではなく、こうした犯罪から一般市民を保護するためにいつ、どのような形で国際社会は介入すべきか、の問題になってきた。

2005年世界サミットに集まった世界の指導者は、その包括的な「成果文書」のなかで「保護する責任」について発言し、以下のように宣言した。

「各々の国家は、集団殺害、戦争犯罪、民族浄化および人道に対する罪からその国の人々を保護する責任を負う。この責任は、適切かつ必要な手段を通じ、扇動を含むこのような犯罪を予防することを伴う。われわれはこの責任を受け入れ、それに則って行動する。」

さらに以下のように明確に述べている。「国際社会もまた、国連を通じ、(これらの犯罪から)人々を保護することを助けるために、憲章第6章および8章にしたがって、適切な外交的、人道的およびその他の平和的手段を用いる責任を負う。」

「この文脈で、われわれは、仮に平和的手段が不十分であり、国家当局が集団殺害、戦争犯罪、民族浄化および人道に対する罪から自国民を保護することに明らかに失敗している場合は、適切な時期に断固とした方法で、安全保障理事会を通じ、第7章を含む国連憲章に則り、個々の状況に応じ、かつ適切であれば関係する地域機関とも協力しつつ、集団的行動をとる用意がある。」

彼らはまた、国家がこうした犯罪から人々を保護する能力を構築できるように支援し、また危機や紛争が勃発する緊張にさらされている国家を支援する必要も強調した。(総会決議60/1および63/308、並びに戦時における文民の保護を取り上げ、これらの原則を支持した安全保障理事会決議1674(2006)および1894(2009)を参照。)

2009年、藩基文事務総長は「保護する責任の実施と題する報告書を発表し、その責任を実施する際の関連原則を概説した。事務総長が2008年に任命した保護する責任について概念的、政治的、制度的発展に責任を持つ特別顧問は、2004年に設置された集団殺害防止に関する特別顧問室との緊密な協力のもとに作業を進めている。

出典:国際連合広報センター United Nations Information Centre ホームページ
http://www.unic.or.jp/activities/peace_security/r2p/

【発言者】（五十音順）

大崎麻子（おおさき・あさこ）　第2部
関西学院大学総合政策学部客員教授、国際NGO プラン・ジャパン理事

大谷光真（おおたに・こうしん）　ご挨拶
日本国際連合協会京都本部本部長

鬼丸昌也（おにまる・まさや）　第2部
認定NPO法人テラ・ルネッサンス理事・創設者

木下博夫（きのした・ひろお）　ご挨拶
国立京都国際会館館長

儀間朝浩（ぎま・ともひろ）　第1部
2015年11月より
一般社団法人共同通信社編集局ニュースセンター　整理部長に就任

佐藤文俊（さとう・ふみとし）　第2部
株式会社　堀場製作所　常務取締役　管理本部長

神余隆博（しんよ・たかひろ）　基調講演、第1部
関西学院大学教授・副学長　元国連日本政府代表部特命全権大使

中西　寛（なかにし・ひろし）　第1部
京都大学公共政策大学院教授

星野俊也（ほしの・としや）　第1部
大阪大学理事・副学長　元国連日本政府代表部公使参事官

根本かおる（ねもと・かおる）　第2部
国連広報センター所長

※このりぶれっとは 2015 年 10 月 25 日、京都にて開催された国連創設 70 周年
2015 国連デー記念シンポジウム「日本と国連——京都から世界平和を願って」
の記録を補正したものです。
本書の発言者の役職位はすべてシンポジウム開催時のものです。

K.G. りぶれっと　No. 40
国連創設 70 周年
2015 国連デー記念シンポジウム

日本と国連
京都から世界平和を願って

2016 年 6 月 30 日　初版第一刷発行

編　者　神余隆博

発行者　田中きく代
発行所　関西学院大学出版会
所在地　〒662-0891
　　　　兵庫県西宮市上ケ原一番町 1-155
電　話　0798-53-7002

印　刷　協和印刷株式会社

©2016 Takahiro Shinyo
Printed in Japan by Kwansei Gakuin University Press
ISBN 978-4-86283-220-7
乱丁・落丁本はお取り替えいたします。
本書の全部または一部を無断で複写・複製することを禁じます。

関西学院大学出版会「K・G・りぶれっと」発刊のことば

大学はいうまでもなく、時代の申し子である。

その意味で、大学が生き生きとした活力をいつももっていてほしいというのは、大学を構成するもの達だけではなく、広く一般社会の願いである。

研究、対話の成果である大学内の知的活動を広く社会に評価の場を求める行為が、社会へのさまざまなメッセージとなり、大学の活力のおおきな源泉になりうると信じている。

遅まきながら関西学院大学出版会を立ち上げたのもその一助になりたいためである。

ここに、広く学院内外に執筆者を求め、講義、ゼミ、実習その他授業全般に関する補助教材、あるいは現代社会の諸問題を新たな切り口から解剖した論評などを、できるだけ平易に、かつさまざまな形式によって提供する場を設けることにした。

一冊、四万字を目安として発信されたものが、読み手を通して〈教え—学ぶ〉活動を活性化させ、社会の問題提起となり、時に読み手から発信者への反応を受けて、書き手が応答するなど、「知」の活性化の場となることを期待している。

多くの方々が相互行為としての「大学」をめざしてこの場に参加されることを願っている。

二〇〇〇年　四月